Die moderne Speisekammer

Bewusst einkaufen | Das Vorrats-
Einmaleins | Leckere Rezepte

SABINE HUTH-
RAUSCHENBACH

Tipps

Rezepte

Besser essen im Selbstversuch

Wir leben in einer Zeit des Überflusses. Zumindest in Deutschland. Alle Waren des täglichen Bedarfs sind zu jeder Zeit in großer Menge verfügbar. Selbst exotische Früchte oder Obst, das keine Saison hat, wird aus fernen Ländern nach Europa geschifft oder geflogen. Die Lebensmittelpreise sind im europäischen Vergleich niedrig. Aber was für eine Beziehung haben wir zu den Nahrungsmitteln, die wir kaufen, verarbeiten, essen und oft auch ungenutzt wegwerfen? Aus Großbritannien liegen Zahlen vor, die erschrecken. Dort werden beispielsweise von Privathaushalten täglich eine halbe Million Eier weggeworfen. In Anbetracht der Tatsache, wie viele Hühner in der Eierproduktion leiden, eine sinnlose und grausame Verschwendung. Für Deutschland gibt es keine vergleichbare Statistik, aber jeder von uns hat es schon mal getan. Ein Apfel mit Druckstellen, ein Sack gekeimter Kartoffeln, ein paar verschrumpelte Möhren, Schinken, der nicht mehr ganz so frisch war – schnell raus aus der Küche und ab in den Müll. Die Selbstverständlichkeit, mit der tagtäglich Lebensmittel vernichtet werden, zeugt von einer Entfremdung zwischen uns und unserer Nahrung. Wir wissen nicht mehr, welche Arbeit in der Erzeugung von Lebensmitteln steckt. Und wie wichtig Nahrung eigentlich ist. Zwar regen wir uns gebührend über Lebensmittelskandale auf. Allerdings nur, um ein halbes Jahr später, wenn das Thema vom Tisch ist, wieder zum Dönerladen zu rennen und herzhaft ins Gammelfleisch zu beißen.

Ich wollte bei der um sich greifenden Verschwendung und Abhängigkeit von Convenience Food (also von bequemem Essen) nicht mehr mitmachen. Während das Thema im englischsprachigen Raum mittlerweile topaktuell ist, sind in Deutschland zwar Biofood, Slow-Food und vegetarische Ernährung in, die Verschwendung von Lebensmitteln hingegen wird weiter praktiziert und nicht thematisiert. Ich begann mich umzuhören. Zum Beispiel bei meiner älteren Verwandtschaft, die noch viel selbst einkocht und Resteküche »betreibt«. Ich fing an, in Kochbüchern zu blättern – vornehmlich in solchen der 50er-Jahre, die vor dem Wirtschaftswunder noch von den Entbehrungen der Nachkriegszeit geprägt waren. »Es wird nichts weggeworfen« war das Credo der Küchengöttin Hedwig Maria Stuber und eines großen Teils der Bevölkerung. Jedem aus der Nachkriegsgeneration stellen sich die Haare auf, wenn er mitbekommt, was täglich an guten, noch essbaren Dingen entsorgt wird. Man kann aus allem noch etwas machen. Allerdings braucht man Durchhaltevermögen, Mut und Kreativität … und vielleicht auch ein Buch wie dieses. Die Ausrede »Aber ich habe so viel zu tun« kenne ich von mir selbst am besten. Sie sollte nicht gelten. Die Zubereitung eines Restesalates braucht meistens keine zehn Minuten. Im Großen und Ganzen spart man sogar Zeit: Einkäufe planen, Speiseplan aufstellen und Reste verwerten. Und mit ein paar Basics in der Speisekammer kann man auch auf die Schnelle eine Nudelsauce herstellen, die viel besser schmeckt als die aus dem Glas. Natürlich bleibt auch mir manchmal nichts anderes übrig, als etwas wegzuwerfen. Wenn ich mich zu Spontankäufen habe hinreißen lassen von irre parfümierten Kräutertees, die wie Mottenkugeln schmecken. Oder wenn ich beim Einkaufen mal wieder nicht aufgepasst habe und die Erdbeeren schon nach einem Tag verschimmelt sind. Wichtig ist also auch, zu wissen, woran man frische Ware erkennt und was die Warnzeichen für schlechte Ware sind.

Ich kaufe überall ein. Ich gehe zum Discounter, ich gehe zum Bioladen, ich gehe auf den Wochenmarkt. Ich plädiere nicht für eine bestimmte Ernährungsrichtung, Diät oder Philosophie, sondern möchte einen Ratgeber für einen verantwortungsbewussten und schlauen Umgang mit Lebensmitteln bieten. Dabei ist das Wichtigste: Einfach muss es sein. Für jeden, auch für Kochlaien, nachvollziehbar. Machbar, egal ob man in der Großstadt oder auf dem Land lebt. Schlicht und ohne Firlefanz. Gesund. Und phänomenal lecker. Bon Appétit!

Die Goldenen Regeln der Speisekammer

1. Saisonal einkaufen.

Produkte aus der Region, die gerade Erntezeit haben, sind immer die günstigere Alternative.

2. Weniger Fleisch essen.

Fleisch gehört zu den teuersten Lebensmitteln, außer man will gruseliges Billigfleisch essen. Öfter mal Gemüsegerichte kochen und vegetarischen Brotaufstrich statt Leberwurst essen ist gesund, schont die Umwelt sowie den Geldbeutel.

3. Nichts wegwerfen.

Essen wegzuwerfen ist ein Frevel und nur erlaubt, wenn das Nahrungsmittel ungenießbar und gesundheitsgefährdend geworden ist.

4. Weniger vorgefertigte Lebensmittel kaufen.

Grundnahrungsmittel sind in Deutschland sehr billig, wohingegen Fertigprodukte nur suggerieren, günstig zu sein.

5. Seltener Essen gehen.

Lieber mit Freunden gemeinsam kochen, das macht Spaß, ist ebenfalls gesellig, schmeckt aber oft besser und ist definitiv günstiger. Die meisten Restaurants sind sowieso Mist. Sagt mein Vater. Und der hat bekanntlich immer Recht.

6. Nicht zu viel kochen.

Das soll jetzt kein Aufruf zu frugaler Selbstkasteiung sein. Essen ist wichtig, essen muss Spaß machen. Aber tatsächlich kocht man meistens zu viel, isst also auch zu viel. Angemessene Portionen kochen, das verschlankt nicht nur die Ausgaben.

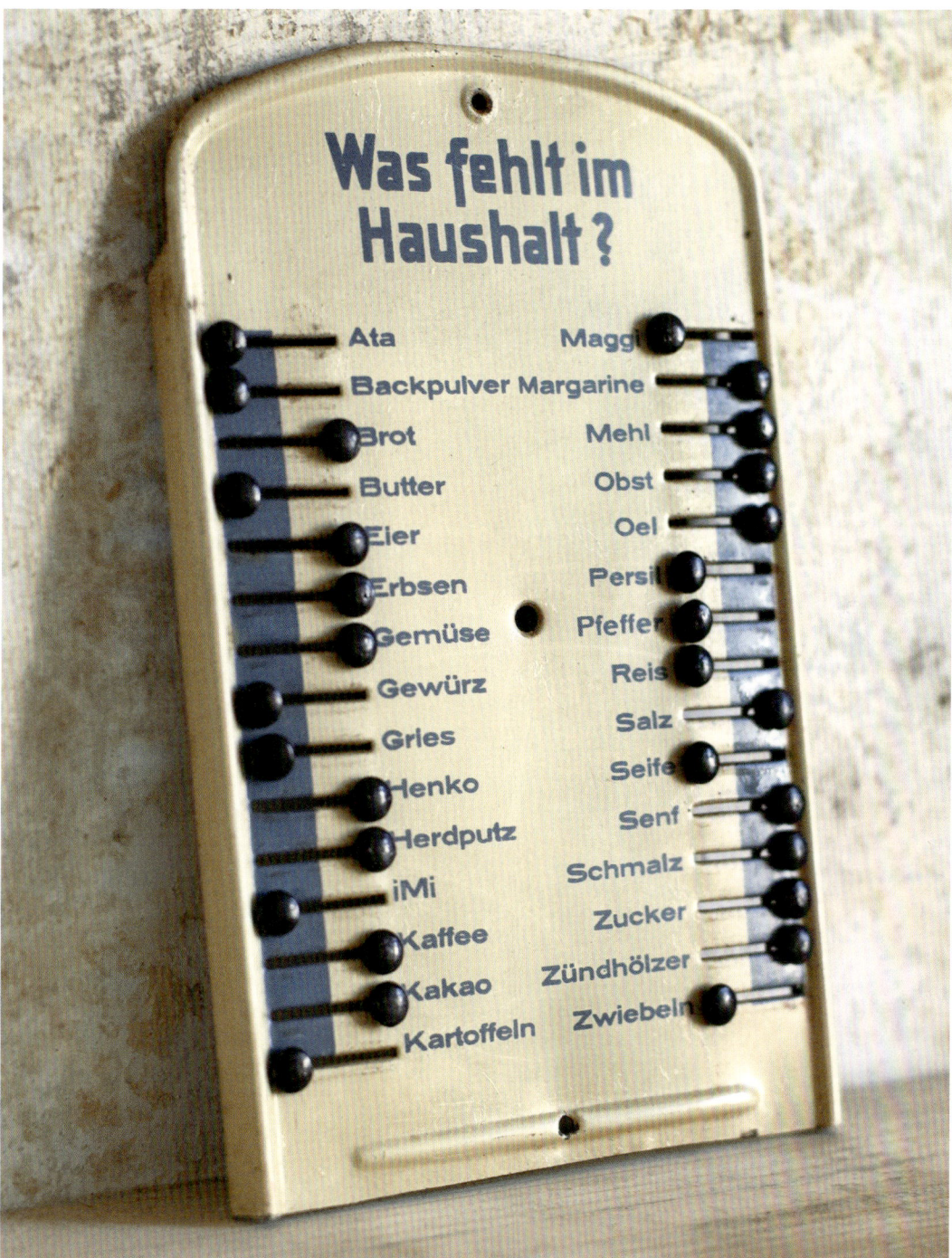

Der Einkauf

Einkäufe planen – der Einkaufszettel

»Eine Liste ist für den täglichen Einkauf unentbehrlich. Keine Küche ohne Notizblock, ohne Einkaufszettel (es kann auch einer auf dem Nachttisch deponiert werden!). Immer gleich aufschreiben, wenn man merkt, das was im Begriff ist, zu Ende zu sein.«
Das Goldene Buch der Frau. Ein Buch der modernen Lebensführung. Deutsche Buch-Gesellschaft, Berlin, Darmstadt, Wien. Ca. 1956

Besser hätte ich es nicht sagen können. Auch wenn die Idee ein wenig nach Oma und altem Schrankpapier riecht – mit einem Einkaufszettel spart man tatsächlich viel Rennerei, kauft nichts Unnötiges ein und vergisst nichts Wesentliches. Immer, wenn etwas aus dem Vorrat zur Neige geht, sollte man es auf dem Einkaufszettel notieren, so wird es beim nächsten Mal gleich mit besorgt. Besonders Ausgefuchste sortieren den Zettel noch nach Läden und die Voll-

profis (zu denen ich nicht gehöre) haben dann sogar die Supermarktordnung im Kopf und schreiben die Ware der Reihe abzulaufender Regale nach auf.

Traditionalisten nehmen als Einkaufszettel in Blöcke geschnittene, unbedruckte Rückseiten von Werbebriefen, Fehlausdrucken oder alten Briefumschlägen. Für Technikfreaks, die nie wieder mit einem Stück Papier in der Hand gesehen werden wollen, gibt es Applikationen (sogenannte Apps) für Smartphones, die es ermöglichen, einen elektronischen Einkaufszettel zu führen. Sie kosten meist weniger als einen Euro und sparen Papier.

Für welche Variante man sich auch entscheidet: Wer gewissenhaft einen Einkaufszettel führt, vermeidet Spontankäufe von Lebensmitteln, die dann eventuell später weggeworfen werden müssen. Übrigens: Wer nicht mit Stift im Supermarkt herumrennen möchte, um die Waren abzuhaken, verzichtet einfach auf zweispaltige Einkaufszettel und reißt für jeden erstandenen Posten das Papier links daneben ein wenig ein. Die Gedächtnisstütze auf Papier hat übrigens Tradition: Schon Ludwig van Beethoven schrieb einen Einkaufszettel – in brauner Tinte auf Büttenpapier. Das gute Stück, auf dem der Komponist seine Haushälterin um den Einkauf von einer Mäusefalle, drei Babiermessern und einer Waschseife bat, wurde 2011 für 60.000 Euro versteigert.

Einkäufe planen – der Wochenplan

Ein Wochenplan kann helfen, Abfälle zu vermeiden. Indem man im Voraus weiß, was man an den einzelnen Tagen kochen möchte, braucht man die dafür benötigten Zutaten nur noch besorgen. Man kann Reste sogar als Mittagessen für den nächsten Tag einplanen. Ein Wochenplan eignet sich vor allem dann, wenn man nur einmal in der Woche groß einkaufen gehen kann. Statt dann wahllos Zeug in den Einkaufswagen zu werfen, kauft man gezielt ein und spart so eine Menge Geld. Außerdem entfallen hektische Notkäufe von fehlenden Zutaten in Spätshops oder an Tankstellen.

Alle machen mit

Vor dem wöchentlichen Großeinkauf (der meistens samstags stattfindet) setzt man sich als Familie zusammen und überlegt, was man in der nächsten Woche kochen möchte. Dazu benötigt man Zettel, Stift, die aktuellen Angebote der Supermärkte sowie einen Überblick über Gemüse und Obst der Saison. Es ist gut, die Kinder einzubeziehen, indem zu Beispiel jedes ein Lieblingsgericht einplanen darf. Dabei fühlen sich die Kleinsten (unter denen sich ja nicht selten schwierige Esser befinden) ernst genommen und entwickeln eine natürlich Beziehung zu den Themen Kochen, Einkaufen, Planen. Die beste Planung nützt natürlich nichts, wenn man keinen Überblick über seine Außer-Haus-Aktivitäten hat, daher sollte man immer auch den Kalender im Blick haben. Elternabende (schnelles unkompliziertes Gericht kochen), Essenseinladungen (nur für die Kinder kochen) oder ein Besuch bei Oma (gar nicht kochen, yippie!) müssen mit bedacht werden. Gemeinsam kann man auch die Einkaufsliste für den Wochenplan erstellen. Und dann schickt man am besten ein Elternteil alleine einkaufen, während der andere mit den Kindern eine Runde auf den Spielplatz geht oder schon mal einen Kuchen fürs Wochenende bäckt.

Kinder sind beim Einkauf nämlich immer die große Unbekannte und wer einmal Samstags mit einem überladenen Einkaufswagen und zwei schreienden, sich auf dem Boden wälzenden Kleinkindern im Supermarkt stand, dem geht die Lust an Planung und gezieltem Einkauf auch gänzlich verloren. Auf

dem Band befinden sich danach meist Beruhigungs-schokolade, Beruhigungscomichefte, Beruhigungs-fruchtsäfte, Beruhigungspommes etc. Alternativ kann man sich die Aufgaben auch aufteilen: Einer geht ohne Kinder in den Supermarkt, diese dürfen dafür mit auf den Wochenmarkt oder Bio-Hof.

Wie könnte ein saisonaler Wochenplan aussehen?

Ein Wochenplan im Monat August zum Beispiel so:

Samstag: Spaghetti alla Puttanesca (mit allem was noch aus der Vorwoche weg muss)

Sonntag: Vegetarische Moussaka
Montag: Kichererbsensalat
Dienstag: Grillhähnchen mit schwedischem Kartoffelsalat
Mittwoch: Salatteller mit Baguette
Donnerstag: Gefüllte Paprika (mit Brotresten vom Vortag)
Freitag: Grillfest Nachbarn
(Die Rezepte finden Sie im Rezeptteil ab Seite 50)

Worauf muss ich achten?

Es kann sein, dass man beim Einkaufen eine geplante Zutat nicht, nur zu teuer, oder in schlechter Quali-

tät bekommt. Bevor man dann in Panik gerät, sollte man überlegen, was man alternativ verwenden kann, oder im Supermarkt kurzerhand ein Wochenplangericht ersetzen. Dafür ist es natürlich wichtig, ein Grundkontingent an Rezepten inklusive Zutaten im Kopf zu haben. Wenn man sich jedoch an saisonales Gemüse und Obst sowie gängige Fleischsorten hält, ist man meist auf der sicheren Seite. Wichtig ist für alle Wochengroßeinkäufer: Zu Hause muss genügend Platz für eine sachgemäße Lagerung der Waren vorhanden sein. So sollte man Frischfleisch und Fisch immer am Tag des Einkaufs einfrieren, auch wenn man es am übernächsten Tag verbrauchen will. Sobald etwas dazwischen kommt (Kind krank, Welt geht unter) besteht die Gefahr, dass das Zeug schlecht wird, man es schweren Herzens wegwerfen muss und das Wochenplangericht ohne den Star auftritt. Auch für Obst und Gemüse sollte ausreichend und richtig temperierter Lagerplatz vorhanden sein – sonst sind die am Samstag gekauften Gurken am Dienstag bereits schrumpelig und bitter oder die Paprika verschimmelt. Wer kann, sollte sich überlegen, Gemüse und Obst zumindest zweimal die Woche frisch dazu zu kaufen.

Wochenplan – das Nonplusultra für alle?

Ein Wochenplan ist meiner Erfahrung nach nicht geeignet für Berufstätige, die abends oft länger im Büro sitzen. Ich erinnere mich noch an meine hehren Ziele als selbstwirtschaftender Quasi-Single mit Werbejob und die Menge an Lebensmittel, die ich spätestens donnerstags der Tonne überantwortet habe. Fakt ist: Man geht nach der Arbeit oft mit Kollegen essen – als Ausgleich, zum Lästern, um sich mal was zu gönnen. Fakt ist: Wer länger im Büro war, fängt um 21 Uhr nicht mehr an, vegetarische Moussaka zu kochen. Ein Döner auf dem Sofa ist dann

einfach zu verlockend. Aber nicht verzagen, auch für diese Menschen muss gesunde Ernährung keine Utopie bleiben. Hier bietet sich das sogenannte »bulk-cooking« (aus dem Englischen: bulk = große Menge) an: Am Wochenende mit frisch gekauften Sachen eine Mega-Koch-Session veranstalten (während die Wäsche in der Maschine rotiert) und viel einfrieren. Dazu ist die Anschaffung einer Kühltruhe zu überlegen. Dann hat man unter der Woche wunderbare Suppen oder Saucen im Tiefkühler, die mit einem Ping (oder altmodisch auf dem Herd blubbernd) schnell fertig sind und trotzdem besser schmecken als Fast Food to go. Mehr über gesunde, nachhaltige Ernährung für Büromenschen außerdem ab Seite 116.

Ein Wochenplan kann übrigens sehr wichtig sein für Leute, die eine bestimmte Diät (glutenfrei, Trennkost) einhalten müssen. Da es spezielle Lebensmittel oft auch nur in Spezialgeschäften gibt, die nicht immer in Wohnortnähe liegen, ist es in diesem Fall besonders gut, einen Plan über den Verbrauch der nächsten oder sogar nächsten zwei Wochen zu haben.

Wochenplan light – vorausplanen für ein paar Tage

Mein persönlicher Wochenplan sieht so aus: Ich habe keinen. Wir haben nämlich kein Auto und daher kaum die Möglichkeit, große Mengen auf einmal einzukaufen. In unserer Miniküche ist außerdem der Lagerplatz knapp. Dafür sind wir mit einem Supermarkt im Haus, einem weiteren Markt in Spuckweite und einem Biohof im Ort logistisch so gut aufgestellt, dass ich nur für circa drei Tage im Voraus planen muss und vieles ohne größeren Aufwand holen kann. In meiner Speisekammer finden sich außerdem eine Reihe unverderblicher Grundnahrungsmittel (siehe auch: Was gehört in jede Speisekammer ab Seite 37), aus denen dann mit Hilfe von frischen Zutaten viele Gerichte gezaubert werden können. Diese kaufe ich nahezu tagesaktuell ein, entweder nach dem Spielplatz oder auf dem Weg in die Arbeit. So vermeide ich überlagertes Obst und Gemüse, lange Zeit mein persönliches Handicap. Insbesonder Fleisch und Fisch kommt bei mir nur am Kauftag auf den Tisch. Außerdem plane ich

immer schon Reste mit ein, für das Mittagessen am nächsten Tag – für mich als Heimarbeiterin sowie, dank Mr. Tupper, für meinen Mann im Büro.

Oder einfach liefern lassen!

Aber: Jeder der Platz, vielleicht sogar eine Speisekammer und ein Auto hat, sollte einen Wochenplan ernsthaft überlegen. Wer kein Auto, keine Zeit, aber ein bisschen Platz hat, ist mit Gemüsekisten gut versorgt – eine Art Abo beim örtlichen Biobauern, der einmal pro Woche in einer Klappbox saisonales Gemüse und Obst anliefert. Oft kann man auch noch andere Produkte aus dem Bioladen-Sortiment dazu bestellen. Allerdings muss man ein ziemlich kreativer Koch sein, da man nie weiß, was aktuell an Gemüse geliefert wird.

Diese Hürde nimmt die schwedische Organisation »Middagsfrid«, die als »KommtEssen« jetzt auch in Deutschland aktiv wird, mit Eleganz. Die Organisation erstellt für den Kunden einen Wochenplan mit verschiedenen Gerichten und liefert Anfang der Woche alle dazu benötigten Zutaten in der richtigen Menge an. Dann muss man einfach nur noch nachkochen. Die Gerichte sind allesamt sehr unkompliziert, immer gesund und umweltverträglich. Das Angebot ist toll für Familien, in denen beiden Elternteile voll berufstätig sind und wenig Zeit für den Einkauf oder dessen Planung haben. Das schwedische Wort »Middagsfrid« bedeutet nämlich so viel wie »Abendessenfrieden« – will meinen: Die Familien sollen wieder in Ruhe gemeinsame, gesunde Mahlzeiten einnehmen können, ohne Einkaufsstress.

Natürlich gibt es Situationen, in denen Selbstkochen nicht funktioniert. Wenn jemand krank ist, zum Beispiel – dann sollte man sich nicht unter Druck setzen, sondern andere für sich kochen lassen.

Die wichtigsten Regeln im Supermarkt

Hat man es dann mit Einkaufszettel und Wochenplan bis in den Supermarkt geschafft, sind leider noch nicht alle Grundlagen für einen erfolgreichen Einkauf gelegt. Die gesamte Einrichtung der Supermärkte zielt darauf ab, uns mehr Ware als nötig anzudrehen. Der Käufer soll sich wohlig umsorgt fühlen, Verkaufsaufsteller locken mit unwiderstehlichen Sonderangeboten und die beschwingte Musik umschmeichelt einen derart, dass man auch vor dem Süßigkeitenregal ein wenig länger verweilt. Hier ein paar Tipps und Tricks, worauf man beim Einkauf im Supermarkt achten sollte.

1. Gib dem Impulskauf keine Chance

Wenn ich die Einkäufe auspacke und neben Obst und Gemüse diverse Tafeln Schokolade und eine Tiefkühlpizza aus der Tasche purzeln, weiß ich: »Hungrig im Supermarkt«. Das ist mit das Schlimmste: Man hat gute Vorsätze und der Einkaufszettel ist geschrieben, aber im Markt locken die Düfte, die Magensäfte sind angeregt und plötzlich möchte man sich zwischen die Regale setzen und losmampfen. Noch viel schlimmer ist es mit hungrigen Kindern im Supermarkt. Wo man selbst vielleicht noch Beherrschung üben kann, ticken bei den lieben Kleinen alle Systeme aus: akute GAU-Gefahr. Schon mal ein Kind gesehen, das zwischen den Regalen schreiend auf dem Boden lag? Könnte meins gewesen sein. Schon mal Mütter und Väter gesehen, die halb leer gegessene Verpackungen aufs Band legen? Das alles macht »Hungrig im Supermarkt«. Abgesehen davon, dass man jede Menge Mist kauft, den man nicht braucht und dabei sein Budget überlastet, sind solche Einkaufsgänge auch psychisch belastend, vor allem für Menschen wie mich, die mit Unterzucker oder einem schreienden Sohn am Kassenband so gar nicht umgehen können.

2. Die Tricks der Supermärkte

Gut gesättigt im Markt zu stehen, ist also schon mal die halbe Miete. Aber man ist noch längst nicht Herr oder Frau über seinen Einkauf geworden. Denn Supermärkte tun alles dafür, günstige Angebote vorzugaukeln, die gar nicht existieren, sowie die wirklich günstige Ware regelrecht zu verstecken. Es lohnt sich immer, im Regal auch auf Fußhöhe zu schauen, denn dort tummelt sich meist das billigere Eigenmarkensortiment. Und Vorsicht bei Preisauszeichnungen: Nicht alles, was rot leuchtet, ist ein Sonderangebot. Wer ein bisschen rechnen kann, ist hier klar im Vorteil. Abgesehen davon lohnt es sich immer, »Bückware« mit Markenware zu vergleichen. Ein Blick auf die Inhaltsstoffe zeigt oft, dass die Billigwaren mit weniger Zusatzstoffen auskommen und insgesamt besser sind als das Markenprodukt.

Auch wer denkt, mit Großpackungen und 3-zum-Preis-von-2-Angeboten günstiger wegzukommen, sollte noch mal in sich gehen. Wenn ich einen Packung Wurst kaufen will, mir stattdessen aber drei für den Preis von zwei andrehen lasse und davon dann die Hälfte wegschmeiße (weil verdorben, man isst ja doch nicht so viel), habe ich immer noch für eine Packung zu viel Geld ausgegeben. Großpackungen sind nur sinnvoll, wenn es sich um absolute Dauerware handelt: Nudeln, Reis oder ähnliches. Ein Blick aufs Verfallsdatum und eine ehrliche Einschätzung des Haushaltsverbrauchs zeigen schnell, dass die meisten Großpackungen Humbug sind. Auch hier lohnt es sich, zu rechnen: Manchmal sind Großpackungen im Kilo-Preis sogar noch teurer als die kleineren Verpackungseinheiten. Und auch wenn Supermärkte mittlerweile verpflichtet sind, den Preis pro Gramm oder Kilo auszuzeichnen, muss man darauf achten, dass man nicht Äpfel mit Birnen, also den Gramm- mit dem Kilo-Preis, vergleicht.

3. Merke: Es gibt NIE etwas umsonst

Eine große Falle, gepaart mit »Hungrig im Supermarkt« sind Probierstände. Man bekommt ein leckeres Stückchen Kuchen, ein Schlückchen Kaffee … und bevor man sich versieht, liegen zwei Packungen Instant-Cappuccino auf dem Kassenband. Obwohl man gar keinen Instantkaffee mag. Mitleid mit den Probierdamen und -herren führt zu einer gefühlten Verpflichtung, Produkte zu kaufen, die kein Mensch braucht. Daher: Probierstände weiträumig umschiffen, Angebotenes freundlich ablehnen, und will man doch mal kosten, darf man trotzdem ohne Produkt heimgehen.

4. Drum prüfe, was du in den Wagen legst

Obwohl die meisten Supermärkte ihr Sortiment im Griff haben, kann es einem, wenn man nicht Acht gibt, passieren, dass man ein abgelaufenes Produkt erwischt. Daher: immer das Verfallsdatum checken. Natürlich entwickeln abgelaufene Lebensmittel nicht

sofort tödliche Giftstoffe, quasi ab Mitternacht des Ablaufdatums. Aber wenn man sie selbst noch ein wenig einlagern möchte, sollte die Ware beim Kauf so frisch wie möglich sein. Eine der wenigen Ausnahmen ist Camembert, der oft kurz vor dem Verfallsdatum stark reduziert ist, aber erst danach wirklich richtig lecker wird und noch lange genießbar ist. Unbedingt Finger weg von abgelaufenen Fisch-, Fleisch- und Wurstwaren. Das Datum gilt nämlich nur für eine Lagerung unter +7 °C und diese Temperatur wird, vor allem im Sommer, oft schon auf dem Heimweg überschritten. Wenn dann die Kühlkette im Supermarkt ebenfalls nicht verlässlich funktioniert hat, kann eine Magenverstimmung drohen. Milchprodukte wie Joghurt oder Quark hingegen sind auch nach dem Verfallsdatum noch lange genießbar. Ist ein Joghurt schlecht, riecht und schmeckt man das sehr schnell.

Generell gilt: Augen auf beim Einkauf. Sieht der Supermarkt ordentlich und sauber aus? Ist die Fleischtheke liebevoll arrangiert oder das Fleisch lose und durcheinander geschichtet? Fisch darf unter keinen Umständen direkt auf dem Eis liegen und die Fischtheke sollte auch nicht »fischig« riechen. Gemüse wird in manchen Märkten mit Warmlicht und sanftem Sprühnebel ein frisches Gesicht gegeben, trotzdem immer den Tast-, Seh- und Riechtest machen. Sind die Schnittstellen beim Gemüse frisch und nicht braun? Fühlt sich der Brokkoli noch knackig an? Hat die Gurke bereits schrumpelige Enden? Mancher Salat entpuppt sich, dem Sprühnebel entnommen, zu Hause nämlich als schlapper Geselle. Besonders abgepacktes Obst und Gemüse sollte man sich von allen Seiten ansehen. Unter einer Schicht schöner, reifer Pfirsiche können grüne, unreife sowie schimmelige Exemplare lauern. Daher die Verpackung immer umdrehen, nachschauen, ob irgendwo Flüssigkeit ausläuft und schnuppern, ob es verfault oder schimmelig riecht. Und: Wer einen Wochenmarkt in der Nähe hat, oder gar Verkauf ab Bauernhof, sollte sich überlegen, Obst und Gemüse lieber dort zu beziehen, in der benötigten Menge, mit einem direkten Ansprechpartner und freier Produktwahl.

5. Je weniger verarbeitet, desto besser

Kaufen Sie so wenige Fertigprodukte wie möglich. Fruchtjoghurts zum Beispiel enthalten viele künst-liche Aromastoffe und eine atemberaubende Menge an Zucker. Besser: Naturjoghurt mit frischen Früchten der Saison oder selbstgemachter Marmelade verfei-nern. Ebenso sind Fertiggerichte nur auf den ersten Blick die günstigere Wahl. Bedenkt man die Qualität, die man bekommt (fettige, übersalzene Massenpro-dukte) sind eine Tüte Mehl, ein Päckchen Hefe und Dosentomaten immer die bessere Alternative. Aus-nahme: Halbfertigprodukte wie Blätterteig, die in der Eigenproduktion sehr aufwendig sind. Ansonsten gilt: Selbst machen gewinnt.

Alternativen zum Supermarkt

Während Supermärkte oder Discounter eine gute Quelle für Dauerware sind, kaufe ich Frischware lieber beim Fachmann. Dieser versteht etwas von seinem Handwerk und es ist ihm natürlich wichtig, nur erstklassige Ware zu verkaufen – als mittelständisches Unternehmen kann er sich Fehltritte nur bedingt leisten. Die Angestellten im Supermarkt hingegen haben leider oft wenig Bezug zu ihren Produkten. Fachmänner und -frauen werden zwar leider immer mehr verdrängt, doch mit ein bisschen Recherche und Glück findet man mit Fachgeschäften, Märkten oder Bauernhöfen eine wunderbare und meist nicht nur gesündere, sondern auch günstigere Alternative zum Supermarkt.

Der Metzger meines Vertrauens

Jeder gute Metzger ist in der Lage, Fragen zu beantworten, etwas zu empfehlen und das Fleisch so herzurichten, dass die Zubereitung leicht von der Hand geht. Natürlich ist die Ware teurer als das abgepackte Discounter-Schnitzel. Aber oft stammt das Fleisch aus kontrollierter Haltung und der Metzger weiß, wo die Tiere herkommen. Man kann nachfragen, wo und wann geschlachtet wurde und danach seine Kaufentscheidung fällen. Da man sowieso nicht zu oft Fleisch essen sollte, darf es dann auch etwas Besonderes sein. Billigschwein aus dem Discounter muss man sich und der Umwelt nicht antun. Auch auf dem Wochenmarkt bekommt man gute Ware.

Der Fischhändler

Einen guten Fischhändler zu finden, ist, vor allem im Süden der Republik, ungleich schwerer, als einen guten Metzger zu finden. Zumindest ich war noch nicht erfolgreich, sodass ich eigentlich immer auf Tiefkühlware zurückgreifen muss. Dabei ist Fischeinkauf ein diffiziles Geschäft und gute Beratung wäre gerade hier vonnöten. Denn Mahner mahnen, Warner warnen – die Meere sind überfischt, Fischpiraten umgehen mit gefälschten Papieren Fangquoten, Aquakulturen verseuchen das Wasser mit Fäkalien und Antibiotika. Die richtige, umweltverträgliche und für einen selbst gesunde Fischart auszusuchen wird da zu einer Wissenschaft. Wer nahe an der Küste wohnt, kann auf frischen Seefisch aus regionaler Fischerei zurückgreifen und damit die lokale Wirtschaft unterstützen. Denn gerade die kleinen Fischereien leiden unter den Dumpingpreisen großer internationaler Fangflotten und können nur überleben, wenn der Verbraucher weiterhin bereit ist, für gute Qualität angemessen zu bezahlen. Dann sollte man die Binnenfischerei und kleinere Forellenzuchten mit Werksverkauf nicht vergessen, wo man, je nach Angebotslage, gute Ware bekommt. Meist erfährt man von solchen Läden durch Mundpropaganda oder man hat einen im Ort. Fangfrischen Fisch, eventuell sogar aus artgerechter Haltung, kann man sich zwar nicht jede Woche leisten – aber weniger ist manchmal eben doch mehr. Und noch ein Tipp: Finger weg von Pangasius. Dieser Zuchtfisch aus Asien ist schwer in Mode, geschmacklich aber eine Zumutung.

Der Bäcker

Auch wenn alle Supermärkte es verkaufen: Es geht nichts über Brot vom Bäcker. Der leider zu einer aussterbenden Gattung gehört, denn immer mehr Regionen werden von Ketten oder Discount-Bäckereien überzogen, die die ewig gleichen Produkte aus Fertigteigrohlingen anbieten. Wer aber noch einen selbst backenden Bäcker in seinem Wohnort hat, sollte ausschließlich dort einkaufen – nicht nur, um dieses bedrohte Handwerk zu unterstützen, sondern auch mit Blick auf die Qualität. Natürlich wohne ich nicht in Wolkenkuckucksheim und weiß, dass heutzutage fast alle Bäcker ihre Rohstoffe aus den gleichen Quellen beziehen. Aber es macht immer einen Unterschied, ob frisches Mehl und Sauerteig zu einer eigenen Rezeptur verarbeitet oder Fertigteig aufs Blech geklatscht wird. Wer zur Brotzeit mal wieder in ein richtiges Roggenbrot oder eine wirklich frische Breze gebissen hat, der wird dem Discount-Bäcker ade sagen. Interessanterweise machen in letzter Zeit wieder mehr kleine unabhängige Bäckereien auf, die sich »Brotmanufaktur« oder ähnlich nennen und leider oft teuer sind, weil sie Lifestyle mitverkaufen. Ein Besuch lohnt sich dennoch, weil man dort viel über alte Getreidesorten und Herstellungsmethoden lernt. Alternativ kann man Brot natürlich zu Hause selbst backen. Das geht auch ohne Backmischung und Brotbackautomat, mit ein bisschen Übung, ganz gut. Zum Beispiel bietet das Buch »BrotZeit« von Annelie Wagenstaller nicht nur einfache und leckere Rezepte, sondern auch viele Hintergrundinformationen rund um die Backkunst – von den Mehlsorten bis zum Backofenbau.

Wochenmärkte

Unser Samstagsritual ist der Ausflug zum Wochenmarkt. Das ist im Sommer doppelte Freude: Da gibt

es Erdbeeren, Himbeeren, Kirschen, Salate und Gemüse aus der Region zu günstigen Preisen. Saisonale Ware! Aus der Region! Trotz aller Begeisterung lohnt es sich, zweimal hinzuschauen, denn manche Markthändler fahren vorher einfach zum Großmarkt und verkaufen einem dann dieselbe spanische Paprika wie der Supermarkt. Hier gilt die Devise: Augen offen halten und nachfragen. Wer als Marktbeschicker eine doofe Antwort gibt, hat einen als Stammkunden schon verloren.

Ein Vorteil vom Markteinkauf: Man bekommt genau die Menge, die man braucht und muss sich – nimmt man Jutebeutel mit – nicht mit lästigen Plastikverpackungen rumärgern. Schimmeliges Obst, schlapper Salat und runzelige Rüben kommen bei guten Ständen gar nicht erst in den Verkauf. Oft ist auch die Auswahl an Sorten vielfältiger, so gibt es zum Beispiel statt der klassischen, für die großen Supermarktketten am leichtesten zu lagernden Apfelsorten, Äpfel, die in der Region angebaut werden und durch einen eigenen, individuellen Geschmack begeistern. Oft darf man vor dem Kauf probieren – in welchem Supermarkt geht das schon? Insgesamt ist die Beratung auf Wochenmärkten meist gut, gerne geben die Verkäufer Tipps zur Lagerung sowie Weiterverarbeitung, beantworten Fragen und machen Alternativvorschläge, falls eine Ware nicht vorrätig ist. Das Beratungsangebot kann von Marktstand zu Marktstand und Stadt zu Stadt variieren, unser Markt jedenfalls ist mustergültig. Leider sind die Öffnungszeiten mancher Märkte nicht sehr arbeitnehmerfreundlich. Aber vielleicht gibt es in der Nähe des Büros einen Markt und man könnte eine Mittagspause opfern, um einkaufen zu gehen. Frische Erdbeeren am PC sind dann der Lohn. Für Langschläfer sind Märkte ein Grund, mal früh aufzustehen – die Stände machen samstags in der Regel schon um 12 Uhr zu. Kurz vor Schluss gibt es übrigens oft günstige Reste, was sich durchaus lohnt, vor allem in der Einkochsaison.

In vielen Städten finden Wochenmärkte mehrmals pro Woche statt. Zeiten und Standorte findet man meistens auf der Internetseite der Gemeinde. Alternativ kann man das Amtsblatt oder das kostenlose Wochenmagazin konsultieren, Nachbarn fragen, nach dem Parkverbot am Marktplatz gucken (= Marktzeit).

Mit dem Einkauf auf dem Markt unterstützt man übrigens auch die Landwirte, die dort meist bessere Preise erzielen, als über ihre Genossenschaft. Diese Unterstützung führt dazu, dass mittlere und kleinere Höfe überleben und ihre Aufgaben der Landschaftspflege weiterhin wahrnehmen können.

Verkauf ab Bauernhof

Manche Landwirte verkaufen ihre Ware direkt ab Hof. Einige bauen einmal die Woche einen Marktstand auf, andere verkaufen auf Zuruf zwischen Tür und Angel, und wieder andere haben einen Hofladen eingerichtet. Ich denke immer wieder gerne daran zurück, wie ich früher mit meiner Mutter Eier holen gefahren bin. Die alte Bäuerin kramte die Eier förmlich unter den Hennen hervor und erzählte nebenbei im breitesten Bayerisch einen netten Dorfschwank. Die Eier waren vorzüglich und die Palette schnell leer gegessen. Wer auf dem Land lebt, kann außerdem morgens frische Milch vom Bauern holen. Gut sind diese Angebote übrigens auch für Großabnehmer. Denn auch Kartoffeln zum Einlagern bieten viele Höfe an – was sich natürlich nur lohnt, wenn man den entsprechenden Keller zum Einlagern hat. Wer also im ländlichen Bereich wohnt kann – anstatt mit dem Auto immer in den nächst größeren Ort zu düsen – auch die Einkaufsmöglichkeiten bei Landwirten vor Ort abchecken. Wenn am Hof selbst nichts angeschrieben ist, reicht oft einen Nachfrage. Über unsere Eierbäuerin haben wir damals nur durch Mundpropaganda erfahren und mein Vater kauft heute noch seinen Imkerhonig bei einem alten Arbeitskollegen, der seine Imkerei als Hobby betreibt. Wer sich unsicher ist, ob der Bauer etwas taugt, sollte den Hof auf Sicht prüfen: Wirkt er gepflegt? Sind die Tiere gesund? In der Sommerzeit gucken, wie oft die Felder gespritzt werden. Und es hilft auch, sich umzuhören – schlechte Bauern sind bekannt wie bunte Hunde.

Ein neuer Trend sind Biohöfe mit angeschlossenem Laden. Oft sind es konventionelle Kleinbauern, die, um ihre Existenz zu sichern, auf Biolandwirtschaft umgestellt haben. Im eigenen Laden verkaufen sie die Früchte ihrer Arbeit, oft also saisonale Ware. Ich bin immer wieder begeistert vom Salat unseres örtlichen Biobauern, der im Vergleich zu den nach Düngemittel schmeckenden Eisbergsalatleichen aus dem Supermarkt hervorragend mundet und immer knackig ist. Manche Biobauern spezialisieren sich auch auf ein Produkt, vor allem im Bezug auf Fleisch. So gibt es Rinderbauern, die bestimmte alte Rindersorten in extensiver Weidewirtschaft züchten und das Fleisch dann zweimal im Jahr, zu den Schlachtzeiten, auf Vorbestellung verkaufen. Das lohnt sich für alle mit einer großen Tiefkühltruhe (ein halbes Rind braucht, auch zerlegt, wirklich SEHR viel Platz!). Ein weiteres Angebot von Biobauernhöfen sind die sogenannten Gemüsekisten, die man monatlich abonnieren kann. Diese gibt es auch im städtischen Bereich. Adressen von Biohöfen, Verkauf ab Hof und Gemüsekisten gibt es über das Internet.

Selbst pflücken

Besonders beliebt im Sommer sind die Felder zum selbst pflücken. Die gibt es vor allem für Beeren, aber auch Kartoffeln und andere Obst- bzw. Gemüsesorten werden in ihren Anbauregionen zum selbst ernten angeboten. Da man als Kunde einen Teil der Arbeit erledigt, sinkt der Kilopreis. Gerade mit Kindern kann das Ernten ein vergnüglicher wie lehrreicher Ausflug werden, kleine kostenlose Nascherei inklusive.

Und dann gibt es noch Obst, das ist quasi kostenlos. Ob Brombeeren im Wald, Äpfel im Stadtpark oder Kirschen an der Landstraße – es gibt zahlreiche Obststräucher und Bäume, die als Zierde gepflanzt wurden und nicht abgeerntet werden. Zum Beispiel haben wir uns letztes Jahr eines Birnbaums erbarmt, dessen gesamte köstliche Pracht nach einem Herbststurm auf der Straße lag. Nach dem Klauben von zwei Jutebeuteln voller Fallobst wurden wir mit mehreren Gläsern selbst gekochtem Birnenkompott belohnt. Dass Bäume nicht jedes Jahr gleich viele Früchte tragen, durften wir dieses Jahr erfahren, als besagter Birnbaum nahezu kahl blieb. Natürlich muss man sich im Vorhinein immer vergewissern, ob die Bäume nicht doch jemandem gehören. Gerade bei Streuobstwiesen, die frei zugänglich sind, ist es verlockend, sich ein paar Äpfelchen mitzunehmen. Oder von einem Kartoffelacker, auf dem die goldenen Knollen locken, noch ein paar Kartoffeln einzusacken. Hier gilt: Finger weg. Oder den Besitzer des Feldes bzw. der Obstwiese ausfindig machen und um Erlaubnis fragen. Alles andere ist Diebstahl. Hilfreich ist hier die Webseite der Organisation mundraub.org, bei der man Fundstellen von herrenlosem Obst eintragen kann. Die Organisation versucht daraufhin, einen Besitzer ausfindig zu machen und diesen um Ernteerlaubnis zu fragen. Dann wird der Baum oder Strauch »freigegeben«. Obstbaumbesitzer, die unter der Last ihrer Früchte ächzen, können hier auch selbst Bäume einstellen und freigeben.

Und auch der Wald liefert immer wieder kostenlose Genüsse. Wer Angst vor dem Fuchsbandwurm hat, soll aus den Fundstücken einfach Marmelade kochen. Allen anderen guten Appetit mit Heidelbeeren, Himbeeren, Brombeeren, Holunderblütensirup und Waldmeisterbowle.

Discounter – der Mix macht's

Ich gestehe: Ich gehe zum Discounter. Ist ja auch schwierig, daran vorbeizukommen, denn Deutschland ist einig Discounter-Land. So gab es 2006 in Gräfenhanichen, einem Kaff in Sachsen-Anhalt, von jeder Discounter-Kette einen Laden und das bei nur 7600 Einwohnern. Der Preiskampf der Billiggiganten wird über bunte Prospektsendungen ausgetragen, supergünstige Non-Food-Angebote sollen zusätzlich Kunden locken. Manche Leute lehnen Discounter daher rundweg ab und trauen den dort angebotenen Waren wenig Qualität und Nachhaltigkeit zu. Meine Freundin Eve ließ sich in England einmal zu einem Besuch eines deutschen Discounters überreden und war auch begeistert von den günstigen Preisen. Jedoch war ihr das Publikum zu abgerissen, der Laden nicht hübsch genug eingerichtet und ihr fehlten die bekannten Marken, denen alleine sie gute Qualität zutraut.

Discounter werden oft unterschätzt

Jedoch: Bei Untersuchungen der Stiftung Warentest schließen Eigenmarken der großen Discounter-Ketten immer wieder gut, teils sogar besser als bekannte Markenwaren, ab. Discounter können, aufgrund ihres schieren Verkaufsvolumens, gute Qualität zu niedrigen Preisen bieten. Was auffällt: Oft sind die Produkte mit weniger Zusatzstoffen belastet, bestechen durch eine einfache Rezeptur und gleichbleibende Qualität. Während im bunten Supermarktroulette die Produktpalette immer schneller wechselt, gibt es bei Discountern gute Klassiker verlässlich über Jahre hinweg zu kaufen. Das erleichtert den Einkauf sehr. Ich bin im Discounter immer schnell damit fertig, vor allem im Laden mit dem großen A, in dem es von jedem Produkt nur eine Marke gibt. Man weiß, wo es steht, wie es schmeckt, was es kostet. Man muss nicht erst tausend verschiedene Marken vergleichen, um zu sehen, was am besten sein könnte. Außerdem: Bei Discountern gibt es viel Obst und Gemüse der Saison und oft auch aus der Region (bei Märkten, die einen regionalen Einkauf haben, extra gekennzeichnet). Das unterscheidet sich natürlich von Kette zu Kette, und die allgemeine Unsitte, bereits im Februar Erdbeeren aus Spanien anzubieten (die laut Greenpeace wahre Pestizidbomben sind), verbreitet sich leider immer weiter. Aber gene-

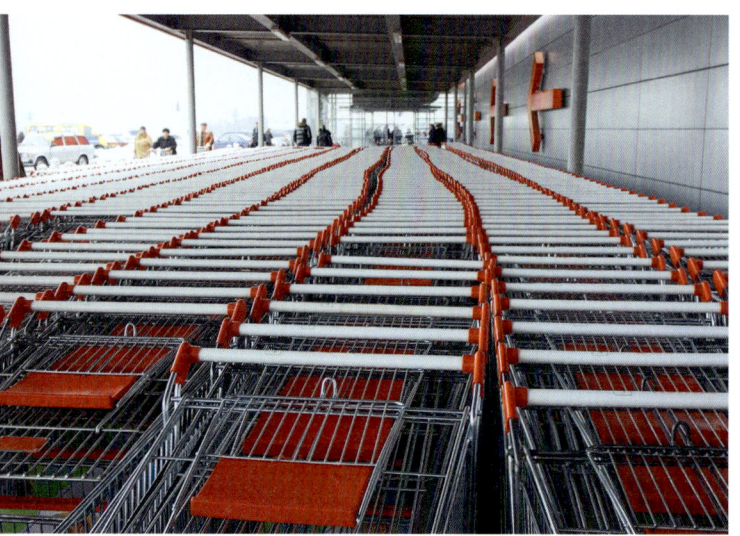

rell kann man sagen, dass auch Discounter saisonal arbeiten, einfach schon deswegen, um die günstigen Preise halten zu können. Und es gibt auch bei den Billiganbietern immer mehr Bio-Ware. Natürlich wird ein strenger Demeter-Anhänger sofort aufschreien und den Produkten jedes Recht auf das Biosiegel absprechen. Aber man hat die Wahl und Bio-Produkte aus Deutschland entsprechen mit Sicherheit den Grundbedingungen: weniger Pestizide, Dünger usw. Auch bei TK-Fisch sind die Discounter oft top. Aufgrund der größeren Aufmerksamkeit der Öffentlichkeit in Bezug auf die Geschäftspraktiken haben sich fast alle Discounter selbst verpflichtet, bei Fisch nur noch Waren mit dem MSC-Siegel anzubieten – das heißt, dass der Fisch aus gesicherten Beständen kommt und nicht illegal oder mit illegalen Fangmethoden geholt wurde. Finger weg allerdings von den »Frischfleischtheken«, die in letzter Zeit immer populärer geworden sind. Oft sieht man dem Fleisch schon an, wie lange es im Kühlfach lag, es ist oft blass und verrät so seine Herkunft aus Mega-Zuchtbetrieben. Fleisch sollte man grundsätzlich beim Fachhändler kaufen, also vom Metzger oder direkt ab Erzeuger! Auch von Backautomatenbrot und dem Versprechen: »Wir backen täglich frisch für Sie« würde ich mich nicht umgarnen lassen. Letztendlich wird die Ware im Markt nur noch mal aufgebacken – frisch ist hier relativ.

Als Ergänzung zu Einkäufen auf dem Markt und Bauernhof eignen sich Discounter also hervorragend. Über besonders gute Produkte informiert die Stiftung Warentest. Markenwaren, die unter Discounternamen laufen, kann man im Internet schnell identifizieren. Wer Wert auf den Namen legt, kann so sein Lieblingsprodukt in anderer Verpackung zu günstigerem Preis kaufen.

Tipp: Gelegentlich werden spezielle Bio-Nahrungsmittel als Sonderaktion angeboten. Dann kann man besonders günstig Hülsenfrüchte, Vollkornmehl, Getreide und sogar Sojaflocken oder Tofu auf Vorrat kaufen. Über aktuelle Angebote kann man sich im Internet, über Prospekte oder Aushänge in den Märkten informieren. Notieren, in welchem Zeitraum die Ware angeboten wird und ab auf den Einkaufszettel!

Containern

Sobald ein Lebensmittel sein Verfallsdatum erreicht hat, wird es aus dem Supermarktregal aussortiert. Obst mit Druckstellen, unförmiges Gemüse oder Käse in angeknacksten Verpackungen kommen in den markteigenen Container. Das ist eine ähnliche Verschwendung wie das Wegwerfen von Lebensmitteln zu Hause – nur in einem viel, viel größeren Maßstab.

Beim sogenannten Containern geht es darum, sich diese Lebensmittel abends aus den Supermarktabfällen zu holen und mit nach Hause zu nehmen. Vieles, was weggeworfen wird, ist nämlich noch überaus essbar. Freeganer (abgeleitet von englisch *free* für »frei« und *vegan* für jemanden, der keine Tierprodukte verzehrt) sehen im Containern einen Kritik an der Überfluss- und Wegwerfgesellschaft; durch die kostenlose Versorgung mit vermeintlich verdorbenen Lebensmitteln nehmen sie nicht mehr direkt am Warenwirtschaftskreislauf teil. Ich selber containere nicht, aber immer mehr arme und alte Menschen fangen, gezwungenermaßen, damit an. Das Entnehmen von Lebensmitteln aus Abfallbehältern ist in Deutschland übrigens eine Straftat, denn selbst Müll hat hier einen Eigentümer.

Die Vorratshaltung

Speisekammer oder Kühlschrank?

Der schönste Einkauf war umsonst, wenn er zu Hause verdirbt. Die Enttäuschung ist groß, wenn Erdbeeren zwei Tage später den Schimmelpelz oder Bio-Bananen ein Fleckengewand tragen. Das A und O einer sparsamen, nachhaltigen Küche ist richtige Vorratshaltung. Ferner tut sich schwer beim Selbstkochen, wer keinen Vorrat an wenig verderblichen Lebensmitteln im Schrank hat, aus denen man auch nach Geschäftsschluss eine schnelle Pastasauce oder einen kleinen Salat zaubern kann. Für all das muss man natürlich Platz haben. Glücklich sind jene, die noch eine Speisekammer besitzen. Heute werden diese Kämmerlein schändlich missbraucht zur Lagerung von Skiern, Winterreifen oder Schuhen. Dabei ist eine kühle, gut belüftete und zentral gelegene Speisekammer ein Geschenk des Himmels. Man findet sie in alten Häusern und in Wohnungen, die bis in die 60er-Jahre hinein gebaut wurden. Danach setzte man mehr auf Kühl-Gefrierkombinationen und vergaß, dass das zum einen Energie kostet und zum anderen manches in einer Speisekammer einfach besser aufgehoben wäre. Moderne Wohnungen sind daher oft speisekammerlos.

Was macht eine gute Speisekammer aus?

Eine Speisekammer sollte an der Nordseite des Hauses bzw. schattig liegen. So ist auch im Sommer eine angenehm kühle Temperatur garantiert. Ein Fenster braucht sie nicht, denn viele Lebensmittel sollen sowieso nicht nur kühl, sondern auch dunkel gelagert werden. Für die Belüftung sollte es ein Lüftungsgitter nach außen geben. Keine Angst: Die meisten Luftsysteme sind regulierbar, sodass man im Winter nicht den Frost einlädt. Fehlt ein Fenster, braucht man natürlich ein Licht, damit man nicht mit der Taschenlampe zwischen den Regalen herumfuhrwerken muss.

Ordnung ist in der Speisekammer oberstes Gebot – wie eigentlich überall in der Küche. Eingekochtes gehört nach Einkochjahr sortiert ins Regal – das älteste nach vorne, das neueste nach hinten. Kartoffeln, Wurzelgemüse, Äpfel und anderes Gemüse in separate, belüftete Behälter (Körbe, Holzkisten, alte Durchschlagsiebe) geben und nicht lose herumliegen lassen. Sonst kullert schnell mal etwas unter ein Regal und fängt an zu gammeln – Schimmelbefall droht. Bestände regelmäßig prüfen, Abgelaufenes verwenden, so es noch genießbar ist, Verdorbenes entsorgen und Dinge, deren Verfallsdatum bald abläuft, rasch verbrauchen. Eine Bestandsliste, auf der man Entnommenes abstreicht, hilft außerdem dabei, Bestände nachzufüllen.

In einer gut gekühlten Speisekammer kann man sogar Käse lagern, der, unter einer Glas- oder Porzellanglocke aufbewahrt, nicht schneller verdirbt, als im Kühlschrank. Käse schmeckt erst ab 12 °C so richtig gut, weshalb eine Lagerung in der Speisekammer ideal ist. Früher wurden auch Dauerwurstsorten hän-

gend in der Speisekammer aufbewahrt – meine
Mutter macht das mit Salami heute noch so.

Ich habe keine Speisekammer. Wohin mit meinen Lebensmitteln?

So toll ich eine Speisekammer finde – als Groß-
städter mit Standard-Zeilenküche habe ich leider keine. Das stellt mich bei der Lagerung von Obst und
Gemüse oft vor ein Problem. In meiner ersten Wohnung war es überall so warm, dass Kartoffeln in der
Regel schon nach zwei Tagen anfingen, zu keimen.
Jetzt versuche ich das zu vermeiden, indem ich sie
von März bis Mai und von September bis November
auf dem Balkon in einer Holzkiste lagere, im Winter
im Boilerschrank (leider tendenziell zu warm) bzw.
im Hochsommer im Kühlschrank (tendenziell zu
kalt). Meine Erfahrung mit Lagerung auf dem Dachboden ist ebenfalls mittelmäßig – außerdem war
es etwas aufwendig, wegen jeder Kartoffel rauf-
rennen zu müssen.

Was kann man also tun, wenn die Küche klein, ein
Keller nicht vorhanden und die Vorratsschränke han-
delsüblich sind, d.h. nicht belüftet und nicht isoliert?
Verderbliches nur in Wochenrationen bevorraten und
lieber frisch einkaufen. Ich würde wirklich gerne 20 kg
Bio-Kartoffeln beim Bauern kaufen und den Rest des
Winters davon essen – aber ohne die richtige Lager-
möglichkeit müsste ich wohl die Hälfte wegwerfen.
Ähnliches gilt für Äpfel. Ferner sollte man einen
Küchenschrank exklusiv für die Lagerung der weniger
verderblichen Lebensmittel wie Nudeln, Reis, Mehl,
Konserven etc. vorsehen und versuchen, diesen in
Ordnung zu halten (siehe auch »Feinde der Speise-
kammer« ab Seite 46 und »Die richtige Lagerung von
Obst und Gemüse« auf Seite 32). Leider verstecken
sich auch bei mir ganz oben, ganz hinten exotische
Mehlsorten oder vergessene Backzutaten. Das kann

man übrigens mit Küchenschränken, die tiefe Aus-
ziehschubladen haben, vermeiden. Hier sieht man
auf einen Blick, was drin ist und kann aussortieren.
Diese Schränke sind allerdings noch nicht lange in
Mode, und meine Küche ist alt. Also muss ich regelmäßig auf einen Tritt steigen, alle Fächer ausräumen
und sauber machen. Je mehr Platz man hat, desto
besser. Man kann alles übersichtlich lagern, außer
man lässt sich zur Einlagerung jeder Menge unnützer
Dinge verleiten. Ab Seite 37 findet sich eine Liste der
Lebensmittel, die man unbedingt auf Vorrat haben
sollte. Und die passen auch in einen kleinen
Küchenschrank.

Der moderne Kühlschrank

Die breite Verfügbarkeit von Kühlgeräten läutete die
Totenglocke für die Speisekammer. Man sah keine
Notwendigkeit mehr darin, wertvollen Wohnraum
einem extra Vorratsraum zu opfern. Auch die bessere
Versorgung der Bevölkerung mit Lebensmitteln
spielte dabei eine Rolle. Dafür trat der Kühlschrank in
das Leben der Menschen und die Prämisse »Je größer, desto besser« scheint heute mehr denn je
zu stimmen. Im Trend sind Mega-Kühlschränke mit
Eisbereiter und TV-Bildschirm. Mit meinem kleinen
Einbaukühlschrank kann ich da nicht mithalten. Viele
moderne Kühlschränke haben auch Vorteile: So gibt
es in Klimazonen unterteilte Einheiten, die für jedes
Lebensmittel die perfekte Lagertemperatur aufwei-
sen. Glücklich also, wer Platz und Geld für ein solches Gerät hat. Alle anderen müssen versuchen, den
vorhandenen Platz sinnvoll zu nutzen. Das gelingt
mir auch nicht immer, vor allem, weil die Hälfte eines
Faches bereits mit Marmeladen- und Olivengläsern
belegt ist.

Ein Wort zur Kühlschrankhygiene: Je sauberer und
gepflegter der Kühlschrank, desto länger halten

sich die Lebensmittel. Also regelmäßig aufräumen,
Verkleckertes sofort aufwischen und den Kühlschrank alle ein bis zwei Wochen mit Essigwasser
auswischen.

Wer auf Vorrat kocht, braucht natürlich ein geräumi-
ges Tiefkühlfach, besser noch eine eigene Tiefkühl-
einheit. Alle anderen müssen sich genau überlegen,
was in das Aktentaschengroße Tiefkühlfach des
Kleinstkühlschranks darf.

Aber Fakt ist und bleibt: Kühlschränke fressen Strom.
Ein kühler Keller in Kombination mit einer Speisekammer und einem kleinen Kühlschrank ist sicher
ökologischer als ein Riesenkühlschrank, der 24/7 vor
sich hin brummt und ein kleines, eigenes Atomkraft-
werk betreibt.

Die vier Grundregeln der Vorratshaltung sind einfach
zu merken und schnell zusammengefasst.

✔ Genügend Platz für die Vorratshaltung
einräumen, lieber ein Fancy-Geschirr oder
Haushaltsgerät weniger

✔ Kühl und dunkel

✔ Bei wenig Platz sollte vor allem Obst und
Gemüse tagfrisch gekauft werden

✔ Anschaffung kleiner TK-Truhe für alle,
die vorkochen wollen

Die richtige Lagerung von Lebensmitteln

Nach der Grundausstattung nun die Kür: Wo lagere ich was? Es gibt ein paar Faustregeln für die richtige Lagerung von Obst, Gemüse, Fleisch und Brot – wenn man diese beherzigt, sollte fast nichts schiefgehen.

Die richtige Lagerung von Obst und Gemüse

Südliche Gewächse wie die Tomate mögen es warm – z. B. auf der Fensterbank; wenn sie noch grün sind, zum Nachreifen, in einer Holzkiste mit Deckel im Schrank. Übrigens vertragen sich Tomaten und Bananen nicht. Sie sind wie streitsüchtige Nachbarn aus einer Nachmittagstalkshow und machen gemeinsam nur Ärger. Die Tomaten lassen die Bananen im Wahnsinnstempo reifen, sodass manchmal schon am nächsten Tag die ersten braunen Flecken

zu sehen sind. Daher beides bitte gut getrennt halten, es sei denn, man hat grüne Bananen gekauft, die den Turboboost brauchen. Bananen gehören übrigens ebenfalls nicht in den Kühlschrank, in einer Obstschale auf dem Tisch hingegen fühlen sie sich sehr wohl.

Wer Wurzelgemüse im Kilobeutel kauft, sollte als Erstes die Plastikverpackung loswerden. Am besten kauft man das Gemüse sowieso lose auf dem Markt, bringt einen Jutebeutel für den Heimtransport mit und schont so die Umwelt. Wurzelgemüse in Zeitungspapier einschlagen und ins Gemüsefach im Kühlschrank oder in den Keller legen. Da heutzutage kaum noch jemand Platz zum Einlagern von Karotten oder Roten Beten hat, verzichte ich hier auf lange Ausführungen über Erd-Miete und Sandeimer – dazu einfach mal Oma befragen, die kann dann schöne Geschichten erzählen.

Äpfel kaufe ich ebenfalls in geringeren Mengen (1 bis 2 kg), daher lege ich sie in die Obstschale. Ebenfalls gut geeignet: eine Gemüsekiste aus Holz, mit Papier ausgelegt, entweder auf den kühlen Dachboden (Herbst/Winter), in den Keller (ganzjährig) oder auf den Balkon (Frühling/Herbst) stellen. Im Sommer braucht man Äpfel in der Regel nicht einlagern, denn im August gibt es bereits leckere Sorten aus deutschen Anbaugebieten frisch zu kaufen. Und natürlich kann man reichen Apfelsegen im Herbst auch immer Einkochen (siehe Seite 75). Wenn im

Sommer die Temperaturen über Gebühr steigen, lege ich Äpfel auch schon mal in den Kühlschrank. Äpfel sind übrigens streitbare Nachbarn, sie sondern nämlich ein Gas namens Ethylen ab, das alles in der Umgebung gammeln lässt.

Birnen wirken zwar ähnlich robust wie Äpfel, sind es aber nicht. Unreife Früchte sollte man lieber nicht kaufen – wenn man Pech hat, reifen sie nicht nach, sondern verfaulen nur. Reife Birnen hingegen sind köstlich, aber leider auch extrem druckempfindlich. Daher lieber nicht unten in die Obstschale legen, sondern locker oben drauf. Je reifer, desto eher in den Kühlschrank geben. Birnen eignen sich nicht so gut zum Lagern, lassen sich aber fein einkochen zu Kompott, Mus oder Marmelade.

Generell gilt:
Obst und Gemüse nie gemeinsam lagern. Obst produziert gerne Ethylen – und diesbezüglich sind die meisten Gemüsesorten empfindlich.

Salat und anderes Blattgrün wie Spinat oder Mangold sollte man nicht lagern, sondern stets frisch verzehren. Ausnahme: Im 0-Grad-Gemüsefach der modernen Kühlschränke hält sich Grünzeug tatsächlich etwas länger. Andernfalls muss man einfach frisch einkaufen. Wenn man alleine haushaltet und einen Salat nicht auf einmal verzehren kann, dann den ganzen Kopf waschen, putzen und die übrigen Blätter gut abgetropft in einer Plastiktüte oder Schüssel in den Kühlschrank legen. Darauf achten, dass der Salat nicht unter die Räder kommt und platt gequetscht wird. So halten sich die Blätter noch ein bis zwei Tage. Allerdings sollte man mit dem Verzehr nicht zu lange warten, sonst gibt es rote Ränder an den Schnittkanten – erste Hinweise auf ernsthafte Gammeltendenzen.

Übrigens: Wer fertigen Schnittsalat kauft, sollte genau auf eben diese Ränder achten. Sieht der Salat rot- bis orangerandig aus, Finger weg! Spinat oder Mangold sollte man auf dem Markt in der benötigten Menge kaufen. Wer Spinat auf Vorrat haben will, kauft einfach die gefrorene Variante.

Knoblauch und Zwiebeln gehören erstmal nicht in den Kühlschrank. Sie mögen es kühl und vor allem dunkel. Das verringert die Gefahr des Auskeimens. Knoblauch lagere ich in Bastkörben in meinem Küchenregal; die Zwiebeln liegen die meiste Zeit des Jahres in einer geschlossenen Gemüsekiste auf dem Balkon. Nach einem Zwischenfall mit plötzlichem Dauerfrost lagere ich sie von Dezember bis Februar mittlerweile auf dem Dachboden, in einer alten Papiertüte, damit sie es schön dunkel haben. Angeschnittene Zwiebeln und Knoblauch kommen bei mir in ein altes Marmeladenglas und dann in den Kühlschrank. So halten sich angebrochene Zwiebeln bis zu einer Woche.

Steinobst, Beeren und anderes Sommerobst muss man frisch verzehren. Wer doch mal für den übernächsten Tag Beeren kauft, muss wissen: je kühler desto besser. Also ab in den Kühlschrank. Ansonsten haben Schimmel und Fruchtfliegen leichtes Spiel. Sind Erdbeeren zum Beispiel schon ein bisschen matschig, kann man sie putzen und gezuckert im Kühlschrank lagern. Aber nur für ein bis zwei Tage. Bei reichlichem Obstsegen im Sommer hilft auch hier nur: Einkochen für den Winter bzw. Erdbeeren oder Himbeeren einfrieren für den späteren Gebrauch als Püree oder für Vanilleeis mit heißen Beeren.

Radieschen putze ich sofort nach dem Einkauf. Das Grün muss weg, denn es entzieht den roten Knollen sehr schnell Feuchtigkeit, sodass sie anfangen zu schrumpeln. Ist das Grün frisch und sind die Radieschen aus biologischem Anbau, kann man die Blätter übrigens als Salat essen! Die geputzen Knollen kommen in einer Plastiktüte in das Gemüsefach des Kühlschranks und halten sich dort bis zu einer Woche.

Gurken und andere Kürbisgewächse mögen es lieber warm. Ca. 15 °C sind ideal – also nie im Kühlschrank lagern.

Letztlich gilt vor allem im Sommer: besser frisch auf den Tisch. Bis zu einer Woche lässt sich im häuslichen Bereich einiges gut lagern, darüber hinaus fängt bei Otto Normalverbraucher ohne Steinkeller und Obstmieten das Gammeln an. Wer wenig Zeit zum Einkaufen hat, selten kocht, aber trotzdem eine größere Auswahl an Gemüse im Haus haben will sollte sich einen Vorrat an TK-Gemüse anlegen. Vom Vitamingehalt kann es mit frischer Ware konkurrieren, übertrifft überlagertes Gemüse sogar bei Weitem. Nicht schämen, sondern eine TK-Truhe kaufen. Besser, als immer wieder Sachen wegwerfen zu müssen.

Die richtige Lagerung von Käse, Wurst, Fleisch und Eiern

In der Speisekammer stand früher eine Käseglocke, unter der die Schätze des örtlichen Milchgeschäfts schlummerten und bei kühlen Temperaturen, luftdicht verpackt, bestens aufgehoben waren. Heute landet der **Käse** meistens im Kühlschrank. Ihn dort bei Laune und frisch zu halten, ist gar nicht so einfach. Ich habe schon einiges ausprobiert: Tupperdosen, Frischhaltefolie, Käsepapier – am Besten lagert Käse im Kühlschrank aber lose in Ton- oder Porzellangefäßen. Wichtig hierbei: Getrennte Gefäße für Hartkäse und Schimmelkäse. Der Schimmel findet nämlich schnell ein neues Zuhause und »infiziert« den sündteuren Pecorino aus der Feinkostabteilung

in null Komma nix. In Tupperdosen kann man Käse nicht lose lagern, da er zu schwitzen anfängt, das am Rand herunterlaufende Wasser den Käse aufquellen lässt und anfällig für Schimmelbefall macht. Muss man mangels Platz und Equipment auf Porzellankäsedosen verzichten, sollte man jeden Käse individuell in Frischhaltefolie oder Käsepapier einschlagen. Ist natürlich nicht besonders umweltfreundlich, aber im Netz gibt es mittlerweile auch Bezugsadressen für wiederverwertbare Käsepapiere, die sich reinigen lassen. Käse auf keinen Fall einfach so in den Kühlschrank legen! Er trocknet rasch aus und wird ungenießbar. Im Kühlschrank gehört Käse in die oberen Regionen. Bereits eine Viertelstunde vor dem Verzehr herausnehmen, dann schmeckt er besser.

Wurst sollte ebenfalls nie lose im Kühlschrank liegen. Sonst wird sie ein wahrer Keimfänger und verdirbt, bevor man überhaupt »Brotzeit« gesagt hat. Angeschwitzte, hochgebogene Wurstscheiben – kein netter Anblick. Wer beim Metzger kauft, bekommt meist die perfekte Verpackung mitgeliefert, das »Wurstpapier«, ein beidseitig beschichtetes Wachspapier, in dem die Ware auch zu Hause frisch bleibt. Einfach nur noch in eine Plastikdose legen und ins unterste Fach des Kühlschranks geben (das über dem Gemüsefach) – so hat man relativ lange was vom Wurstgenuss. Wer abgepackte Wurst im Supermarkt kauft, sollte das Produkt nach Anbruch umpacken, die Umverpackung entsorgen, die Wurst oder den Schinken in Frischhaltefolie wickeln und in den Kühlschrank legen. Auch wenn die Verpackungshersteller immer wieder versprechen, die flachen Plastiksärge wären »wiederverschließbar« – sie sind es nicht. Angebrochener bzw. frischer Aufschnitt hält sich im Kühlschrank maximal drei Tage, Salami- und Schinkenaufschnitt bis zu einer Woche. Wer Salami länger lagern möchte, sollte sie am Stück kaufen. Wird die Wurst schmierig, riecht unangenehm, fängt an zu schillern oder sprechen: unbedingt entsorgen.

Bei Fleisch gilt: immer frisch auf den Tisch und spätestens einen Tag nach Kauf verarbeiten. Bis dahin lagert es am Besten in seiner Verkaufsverpackung im untersten Fach des Kühlschranks.

Wer Fleisch auf Vorrat kauft, kommt nicht umhin, es einzufrieren. Dazu eignen sich Gefrierbeutel, die mit wiederverwendbarer Klammer verschlossen und beschriftet werden. Als Info gehört darauf: Sorte, ca. Gewicht, Einfrierdatum. Nach einem halben Jahr sollte aber auch das verbraucht werden. Auftautipp: Über Nacht im Kühlschrank. Sanftes Auftauen erhält die Eigenstruktur des Fleisches, während die Hammermethode Mikrowelle Teile unter Umständen vorgart. Wichtig: beim Metzger unbedingt fragen, ob das Fleisch schon mal eingefroren war. Dann eignet es sich leider nicht mehr zum Einfrieren – die Keimgefahr wird dadurch stark erhöht! In Supermärkten gibt es auch abgepacktes Fleisch, auf dem ein Mindesthaltbarkeitsdatum in ferner Zukunft versprochen wird. Trotzdem mit Vorsicht genießen, und vor allem auf die neben dem Mindesthaltbarkeitsdatum angegebene Temperatur achten: max. + 3 °C – so kalt ist kein handelsüblicher Kühlschrank! Daher auch dieses Fleisch lieber am Kauftag verzehren oder einfrieren. Sicher ist sicher.

Eier können bis zu einer Woche vor dem Mindesthaltbarkeitsdatum bei Raumtemperatur aufbewahrt werden. Danach gehören sie in den Kühlschrank. Abgelaufene Eier kann man noch für Kuchen verwenden, wenn sie denn noch gut sind. Als Test das Ei in einer Tasse aufschlagen. Ist es schlecht, wird man das auf jeden Fall riechen!!

Die richtige Lagerung von Brot

Es gibt nichts traurigeres, als vorgeschnittenes, angetrocknetes Brot in Plastiktüten, die lieblos in den Kühl- oder Küchenschrank geworfen wurden! Nach langjährigen Experimenten mit traurigen Plastiktüten habe ich nun die perfekte Verpackung für Brot gefunden: der gute alte Brotkasten. Und damit meine ich nicht diese monströsen Designsärge oder die billigen Holzhütten aus dem schwedischen Möbelhaus, sondern tatsächlich die klassischen Brotkästen aus Emaille. Darin ist genügend Platz, das richtige Mikroklima, sie lassen sich gut reinigen und halten das Brot unverpackt bis zu einer Woche frisch. Wichtig ist: keine Kuchen, feuchten Brotsorten (Früchtebrot) oder Brezen im Brotkasten lagern. Dadurch entsteht entweder zu viel Feuchtigkeit oder das Brot nimmt den Geschmack an. Hat sich – wider Erwarten oder weil man vor dem Urlaub vergessen hat, das Brot aufzuessen – Schimmel im Brotkasten breit gemacht, reinigt man ihn wie folgt: verdorbene Brotreste entsorgen, Tücher etc. entfernen und in die Kochwäsche geben. Kasten gründlich mit Essigwasser ausputzen, abtrocknen und noch eine Stunde mit geöffnetem Deckel ausdünsten lassen.

Die Grundausstattung

In einigen Basiskochbüchern finden sich Listen von Dingen, die man unbedingt auf Vorrat haben sollte. Allerdings sind oft Lebensmittel dabei (z. B. Reiswein, Fischsauce, Anchovis oder spezielles Pastamehl), die einem Kochneuling wenig nutzen und mit Sicherheit irgendwann in der Tonne landen. Anhand meiner Kochgewohnheiten habe ich eine Liste von wirklich grundlegenden Zutaten zusammengestellt, die sich später auch im Rezeptteil wiederfinden. Teilweise vielleicht nichts für Veganer, Vegetarier oder Leute mit Lebensmittelallergien – aber die wissen bestimmt genau, was sie von der Liste streichen sollten.

Was gehört in eine Speisekammer?

Weizenmehl, Typ 505: Für Freunde des Vollkorns empfehle ich zusätzlich Dinkelvollkornmehl, beides kann man auch gerne mischen. Ausschließlich Vollkorn ist nicht so gut, damit kriegt man keine luftigen Pfannkuchen oder anderes Feingebäck hin.

Zucker: Rohrzucker und Raffinadezucker. Ersteren nehme ich gerne für Tee, Kaffee und Cookies. Letzteren für feinere Backwaren.

Backpulver und Natron kann man neben dem Backen auch gut beim Badputzen gebrauchen.

Vanillezucker: Fertig im Tütchen oder selbst gemacht. Dazu einfach Raffinadezucker in ein altes, gut gewaschene Gurkenglas geben, Vanilleschote dazu und ziehen lassen.

Haferflocken: Die feine Variante. Als Basiszutat für Müsli, Streusel sowie Crumbles.

Rosinen: Ebenfalls für Müsli, in Gebäck und als Nascherei für zwischendurch.

Jod-Salz und für Gourmets Meersalz oder Fleur de Sel.

Pfeffer: Wahre Köche haben immer drei Sorten zu Hause: Schwarz, weiß, bunt. Weiß, damit beim Kartoffelpüree keine hässlichen Pfefferkrümel die Ästhetik verhauen. Ich mag es einfach und empfehle: Für den Anfang tut es eine Mühle mit buntem Pfeffer.

Eier: Auf Haltbarkeit achten und rechtzeitig in den Kühlschrank legen.

Nudeln: Spaghetti sowie Penne, normal und, wer mag, auch aus Vollkorn.

Dosentomaten: Am besten ganze Eiertomaten. Vor dem Kochen mit einem Messer kleinhacken. Im Winter eine gute Alternative zu den Treibhaustomaten, die nach nichts schmecken.

Tomatenmark nach Anbruch im Kühlschrank lagern. Für alles, was ein bisschen tomatig schmecken soll. Aber sparsam verwenden!

Rote oder gelbe Linsen müssen vor dem Kochen nicht eingeweicht werden und eignen sich daher für Spontangerichte.

Kichererbsen: Die Vorgekochten aus der Dose sind am einfachsten zu verwenden.

Reis: Rundkornreis, Basmati und Milchreis, den man auch super für Risotto verwenden kann.

Getrocknete Steinpilze zaubern zusammen mit einer Handvoll Champignons leckere Pilzgerichte.

Getrocknete Tomaten in Öl: Perfekt für Salate aus Nudelresten.

Thunfisch aus der Dose. Auf Herkunft und Fangart achten. Für Pasta und Salate.

Gekörnte Brühe: Gemüse und evtl. Huhn, als Gewürz für diverse Suppen und Eintöpfe.

H-Schlagsahne: Auf Verfallsdatum achten, regelmäßig überprüfen.

Senf: Bei mir sind es normaler Senf, süßer Senf und Senfpulver (gut zum Verfeinern von Salatsaucen). Eine Tube guter, mittelscharfer Senf tut es für den Anfang aber auch.

Tomatenketchup: Profis machen ihn selbst, alle anderen kaufen ein qualitativ hochwertiges Produkt. Hält ewig und kann auch zum Verfeinern von Saucen verwendet werden.

Mayonnaise: Besser kleine Tuben kaufen, denn wenn man sie nicht häufig braucht, wird sie schlecht. Gerade die riesigen Flaschen Salatcreme sind nicht geeignet. Wer sehr selten Mayonnaise isst, kann auf die Tütchen aus Schnellrestaurants zurückgreifen.

Olivenöl: Am besten eines wählen, dass sich sowohl zum Kochen als auch für Salate gut eignet.

Neutrales Öl: Zum Beispiel Sonnenblume, Raps oder Distel. Erdnussöl lässt sich sehr hoch erhitzen und eignet sich damit für alles scharf Angebratene.

Essig: Mein Favorit: Kressi. Außerdem ein heller und ein dunkler Balsamico.

Couscous: Die blitzschnell gekochte Beilage.

Zwiebeln: Wer eher weniger Zwiebeln braucht, kauft Schalotten. Für den Rohverzehr eignen sich rote Zwiebeln, für Eintöpfe die klassische Gemüsezwiebel.

Knoblauch schmeckt frisch am besten. Getrocknete Knollen sind auch okay. Finger weg von Knoblauchpulver oder -flocken, die jedem Gericht eine abgestandene Note geben.

Kartoffeln: Wer keinen geeigneten Lagerplatz hat (Keller), sollte auf zu große Vorräte verzichten. Für vier Personen ca. 2,5 kg die Woche einplanen.

Karotten: Drohen sie trotz sachgemäßer Lagerung zu gammeln: schälen und in einer Tupperdose ins Gemüsefach des Kühlschranks legen. Dann machen sie es noch ein paar Tage.

Bio-Zitronen: Hier lässt sich die Schale unbedenklich mit verwenden. Vorher aber trotzdem immer waschen! Zum Backen und für Drinks. Und für das besten Hühnergericht aller Zeiten (ab Seite 104).

1 Kilo Äpfel: Lageräpfel bzw. Ware aus Deutschland kaufen. Wenn keine deutschen Äpfel zu bekommen sind, ist meist Sommer und es gibt viel anderes leckeres Obst der Saison, z. B. Beeren oder Kirschen.

Basics für den Kühlschrank

Milch gibt es meistens nur noch als ESL-Milch, die zwar im Kühlregal als Frischmilch verkauft wird, aber bei der Haltbarkeit der H-Milch ähnelt. Die Abkürzung *ESL* steht für *extended shelf life*, längere Haltbarkeit im Regal. Wer kein Milchtrinker ist, sollte H-Milch in kleinen Packungen (Getränkepacks für Kinder) bevorraten, falls mal Gäste zum Kaffee kommen oder man eine leckere Béchamelsauce machen möchte.

Butter ist, im Kühlschrank gelagert, selten streichfertig. Daher einen Teil in einer Butterdose aus Porzellan außerhalb des Kühlschranks aufbewahren. Damit man sofort losschmieren kann.

Käse: Eine Hartkäsesorte, die länger hält, sowie Parmesan zum Überbacken. Ansonsten nach Geschmack und Bedarf.

Mit diesen Lebensmitteln kommt man auf jeden Fall schon ganz schön weit. Übrigens schlägt die Bundesregierung darüber hinaus einen 14-Tage-Grundvorrat für Notstandssituationen vor. Detaillierte Informationen dazu finden Sie im Netz unter www.bkk.bund.de.

Denn es funktioniert natürlich nicht ganz so einfach, wie mein Onkel Willi meinte, als er auf die Frage »Was würdet ihr denn kochen, wenn im Katastrophenfall die Versorgung ausfällt?« vergnügt antwortete: »Na, dann gehen wir halt in die Wirtschaft.«

Kräuter und Gewürze

Neben Salz und Pfeffer gibt es eine ganze Reihe von Kräutern und Gewürzen, deren Anschaffung sich grundsätzlich lohnt. Bei Kräutern sind die frischen Varianten immer den getrockneten vorzuziehen, wer allerdings wenig Platz hat und keine Erfahrung mit Pflanzen, dem empfehle ich die tiefgekühlten Varianten. Das Gewürzregal sollte sich idealerweise in der Nähe des Herdes befinden und leicht zugänglich sein. Die Gewürze immer gut verpacken — sonst verlieren sie an Aroma oder ziehen Feuchtigkeit aus der Küchenluft an. Dafür muss man kein stylishes Regal mit passenden Gläschen für viel Geld erstehen: recycelte Oliven-, Pesto-, Marmeladen- oder Babygläschen eignen sich ebenfalls sehr gut für die Aufbewahrung. Mit ein bisschen Kreativität, Aufklebern und einem Stift kann man sie nett beschriften — und im Handumdrehen hat man eine hübsche sowie individuelle Gewürzsammlung.

Basilikum: Klassiker der italienischen Küche. In getrockneter Form für Nudelsaucen und Eintöpfe. Frisch für eine Caprese und als Salatgarnitur.

Bohnenkraut kann sowohl eingefroren als auch sehr gut getrocknet werden, weil es auch im getrockneten Zustand sein Aroma weitgehend behält. Natürlich besonders gut zu Bohnengerichten. Der leicht pfefferartige Geschmack passt aber auch zu Erbsen- und anderen Suppen, zu Fisch-, Fleisch und Eierspeisen.

Curry: Indische Gewürzmischung. Ich habe diese früher immer selbst zusammengestellt, aber nachdem ich keinen Asialaden in der Nähe habe, bin ich wieder zum einfachen Fertigpulver zurückgekehrt. Für indische Eintopfgerichte, Kürbissuppen und Fleischgerichte.

Dill: Kein Gurkensalat ohne Dill. Für mich zumindest. Dill ist außerdem lecker zu Fisch. Schmeckt nach

Mittsommer und Skandinavien. Ist getrocknet ebenso gut wie frisch oder tiefgefroren.

Estragon: Frisch und getrocknet zu verwenden. Süß, aromatisch und erinnert leicht an Anis. Man sollte versuchen, französischen Estragon (auch als deutscher Estragon bezeichnet) zu bekommen, da der russische nicht das typische Kräuter-Aroma besitzt.

Gewürzmischungen: Kräuter der Provence oder italienische Kräuter als Mischung eignen sich vor allem für Leute, die selten kochen oder erst wenig Erfahrung haben. Gibt es getrocknet, besser schmecken aber fast immer die tiefgekühlten Mischungen. Getrocknete Mischungen immer sparsam verwenden! Lieber noch mal nachwürzen!

Ingwer: Der Gesundmacher. Ist eine Erkältung im Anflug, einfach ein Stück der Knolle schälen und mit heißem Wasser überbrühen. Lange ziehen lassen. Einen Liter mit Honig gesüßt trinken und schwitzen. Außerdem braucht man Ingwer natürlich für eine große Palette von asiatischen Gerichten. Ich gebe außerdem immer ein Stück in meine Hühnersuppe.

Kardamom: Da das Aroma sehr schnell verfliegt, empfehle ich, Kapseln zu kaufen und diese erst kurz vor Verbrauch zu öffnen, zu rösten und zu mahlen. Kardamom sollte frühzeitig zum Gericht gegeben werden, denn er entfaltet den vollen Geschmack erst durch Hitze.

Koriander: Für asiatische sowie arabische Gerichte und Eintöpfe. Gibt es in der geschroteten Variante, aber auch als fein gemahlenes Pulver. Wer einen gut sortierten Asialaden in der Nähe hat, kann auch frischen Koriander erstehen, den man allerdings erst beim Servieren über die Speisen gibt, ähnlich wie unsere Petersilie. Besonders grüne Daumen können das Kraut natürlich auch im Topf ziehen.

Kreuzkümmel (Cumin): Für Couscous-Salate, Currys und Saucen. Ich bevorzuge das fein gemahlene Pulver.

Kümmel: Wer gerne Sauerkraut isst, kann auf Kümmel nicht verzichten. Er entschärft blähende Speisen und ist auch sonst bei einem angegriffenen Magen gut. Lecker auch auf einem Quarkbrot. Wenn man neue Kartoffeln kocht, sollte man dem Kochwasser Kümmel zugeben, dann werden die Kartoffeln leichter bekömmlich.

Lorbeerblätter: Machen sich gut in Suppen und Eintöpfen. Glücklich kann sich schätzen, auf wessen Balkon dieser Strauch gedeiht. Romantisch sind Lorbeerblätter als Mitbringsel aus dem mediterranen Urlaub. Bekannt und beliebt auch bei den Römern, die aber ihre verdienten Häupter damit schmückten, anstatt ihre Gerichte.

Muskatnuss: In Kartoffelpüree, Béchamelsauce und Cremesuppen. Auch für manches Backwerk. Frisch gerieben immer besser als das Pulver.

Nelken: Zum Einkochen von Obst sowie für diverse Currys. Außerdem kann man einen wärmenden Wintertee machen, indem man beim Aufbrühen von normalem Schwarztee eine Nelke zugibt. Nelken werden auch zum Würzen von Wildgerichten verwendet. Schön in der Vorweihnachtszeit: mit Nelken gespickte Orangen aufhängen. Besser als jedes Fertigduftöl.

Oregano: Frisch im Sommer, getrocknete Version für den Winter. Wächst in vielerlei Varianten und ist in unseren Breiten als Dost oder Wilder Majoran zu finden. Ein Oreganostrauch auf dem Fensterbrett oder Balkon lohnt sich immer. Das Kraut braucht man für die weltbeste Tomatensauce von Violetta (siehe Seite 88).

Paprikapulver: Verwende ich selten, wird aber für den einen oder anderen Eintopf gebraucht. Ich habe nur die Variante »Rosenscharf« im Regal und komme damit gut aus.

Petersilie: Die tiefgefrorene Variante ist zu empfehlen, denn sie eignet sich zum Garnieren von Gerichten, für fast alle Suppen, Brühen, Eintopfgerichte und für Leute denen der grüne Daumen abgeht. Frische Petersilie gibt es rund ums Jahr im Gemüseregal des Supermarktes, ist aber recht teuer, oft schlapp und selten zu empfehlen. Im Sommer sollte man sich aber unbedingt ein Töpfchen Petersilie auf dem Fensterbrett oder Balkon halten.

Piment: Für winterliche Eintöpfe sowie Kraut und Wildgerichte.

Rosmarin: Verleiht Minestrone und anderen südländischen Eintopfgerichten den charakteristischen Geschmack. Auch gut zu diversen Braten. Wer kann, sollte sich einen Rosmarinstrauch anschaffen, die kleinen Zweiglein kann man dann einfach in die Suppen oder zum Fleisch geben und nach dem Garen wieder entfernen. Vorsicht bei getrocknetem Rosmarin: nicht in zu heißem Öl andünsten, schmeckt sonst bitter.

Salbei: Salbeitee war die einzige Medizin, die unser bayerischer Hausarzt bei Erkältungskrankheiten verschrieb. Noch heute schwöre ich darauf – eine Kanne am Abend lässt einen gut schwitzen und lindert Halsschmerzen. Salbei ist außerdem lecker zu Pasta. Eigentlich nur wirklich gut als frisches Kraut. Ist auch ziemlich unkaputtbar.

Scharfmacher: Gemeint sind Cayennepfeffer, Tabasco und Co. Ich benutze diese eher selten, wer allerdings einen Fan scharfer Gerichte zu Hause hat, kann ihm ein Fläschchen Tabasco besorgen. Dann müssen nicht alle scharf essen. Getrocknete Chilis oder sogar frisch von einem kleinen hübschen Strauch sind zum Beispiel für Spaghetti Aglio Olio gut geeignet.

Senfsamen und Senfpulver: Ganze Senfsamen des weißen und des schwarzen Senfs werden zum Kochen, Braten und Marinieren verwendet. Sie schmecken mild-nussig und entfalten ihr scharfes Aroma erst während des Garens bzw. Einlegens. Senfpulver oder Senfmehl besteht aus gemahlenen, meist weißen Senfkörnern. Falls es nicht mitgekocht wird, wird es mit Wasser zu einer Paste verrührt, die ähnlich wie Tafelsenf verwendet wird.

Thymian: Als Kind bekam ich von der wohlmeinenden Mutter eines Freundes immer Thymiantee zu trinken. Der Geruch erinnert mich demnach an meine Sandkastenfreundschaft mit Lars. Andere erinnert er an Kräuter der Provence, bei denen er ein entscheidender Bestandteil ist. Thymian kommt bei mir eher als Kochkraut denn als Tee zum Einsatz. Ich habe ihn getrocknet da, aber auch hier ist die frische Variante zu bevorzugen. Thymian ist übrigens winterhart und immergrün – man darf nur nicht vergessen, ihn zu gießen.

Zimt (Pulver und Stangen): Unverzichtbar für Currys, manchen Eintopf und Zimt & Zucker als Verfeinerung von Süßspeisen. Wer morgens schwer in die Gänge kommt, dem sei Folgendes empfohlen: Eine Tasse schwarzen Kaffee, Zimt in reichlicher Menge, nach Belieben Milch und Zucker. Der Zimt kickt noch mal extra. Man kann aber auch einfach früher ins Bett gehen.

Zitrone: Hält relativ lange und ihre (unbehandelte!) Schale gibt, fein gerieben, jeder Salat- oder Fleischsauce eine raffinierte Note. Aber auch in Gebäck und Süßspeisen macht sie sich gut. Vorsicht mit der Menge – der Geschmack wird schnell zu intensiv!

Das wichtigste Küchenequipment

Um einfach und gut zu kochen, sollte man eine gewisse Grundausstattung an Küchengeräten zur Hand haben. Dabei braucht man gar nicht so viel:

✓ 1 Wasserkocher

✓ 1 sehr großer Topf (mindesten 5 Liter) zum Kochen von großen Mengen Eintopf und zum Einkochen + 1 mittlerer Topf + 1 kleiner Stieltopf

✓ 1 Pfanne beschichtet, am besten sehr groß und mit annehmbaren Griffen, sodass sie auch als Bräter funktioniert

✓ 1 tiefes Backblech + 1 Kuchenblech + 1 Backrost

✓ 1 Satz Schüsseln für Kuchen etc. aus Plastik

✓ 1 Kastenform

✓ 1 Teigschaber

✓ 2 kleine Bretter und 1 großes Brett, aus Plastik

✓ 1 großes Brett aus Holz als Brotschneide- sowie Servierbrett

✓ 1 Salatbesteck

✓ 2 Kochlöffel, einer davon aus Bambus

✓ 1 Durchschlagsieb + evtl. 1 feinmaschiges Durchschlagsieb

✓ 1 Schaumlöffel + 1 Suppenkelle

✓ 2 kleine Gemüsemesser + 1 großes Messer, jeweils extrascharf + 1 Brotmesser

✓ 1 Sparschäler + 1 Büchsenöffner

✓ 1 Schneebesen + ggf. 1 Handrührgerät für Eischnee und ähnliches

✓ 1 Pürierstab

✓ 1 Reibe

✓ 1 Halblitermaß + 1 Küchenwaage

✓ 1 Auflaufform groß, evtl. 1 Pie-Form

✓ Zitronenpresse

✓ Ein Satz Plastikbehälter mit Deckeln zum Einfrieren und für den Transport von Resten

✓ Ggf. Mikrowelle

Je nach Haushaltsgröße und zu erwartender Gäste- zahl kommen dazu:

✓ Je 6 tiefe, flache, kleine Teller

✓ 6 Tassen mit Untertassen bzw. Coffeemugs

✓ 1 große und 1 kleine Salatschüssel

✓ 6 Wassergläser, 6 Weingläser

✓ 1 Glaskrug

✓ Besteck: Je 6 Esslöffel, -gabeln und -messer + 12 Kaffeelöffel (davon braucht man immer mehr)

Feinde der Speisekammer

Richtig einkaufen, richtig lagern, richtig planen – alles perfekt, oder? Leider ist das Leben kein Ponyhof und es gibt Gesellen, die einem die gute Laune verderben wollen. Nämlich die vier häufigsten Feinde der Speisekammer: Mehlmotte, Schimmelpilz, Kakerlake und Fruchtfliege.

Die Mehlmotte

Vor Jahren hatte meine Schwester die »Mehlmottenkrise«. Ihre WG-Mitbewohner waren, was die Lebensmittellagerung anbelangte, sehr nachlässig. Nachdem die Mitbewohner vor allem Bio-Getreide und Mehl anbrachten, hatte ein kleines Tierchen schnell seine ökologische Nische gefunden: die Mehlmotte. Wer einmal ein Müsli geöffnet hat, in dem es vor weißen Maden wimmelte, der wird Mehlmotten und ihre Nachkommen so rasch nicht wieder vergessen. Es gibt, gelinde gesagt, nichts Ätzenderes. Einmal eingezogen, erweist sich *Ephestia kuehniella* als schwer loszuwerdender Küchengenosse. Gespinste der Larven, die Larven selbst und ihr Kot verunreinigen nahezu alle Lebensmittel in Reichweite. Ist ein Befall festgestellt, müssen als Erstes wirklich alle Lebensmittel weggeworfen werden. Ärgerlich, aber anders

wird man die Viecher nie mehr los, da die Eier mittlerweile überall sein können. Mehlmottenmaden kommen nämlich sogar in Schraubgläser und können mehrere 100 Meter weit kriechen! Sind alle Lebensmittel entsorgt, müssen Schränke und Regale mit Essig ausgewaschen und Pheromonfallen in allen Räumen aufgestellt werden, um die verbliebenen Motten zu fangen. Gemein: In Regalen oder Schränken legen die Motten Eier in den Bohrlöchern der Bretter ab. D.h. in den Löchern, in denen kein Brett eingehängt ist, können die Tiere alle Reinigungsversuche überleben. Diese Löcher entweder mit Spachtelpulver oder ähnlichem zustopfen oder peinlichst genau mit Ohrenwatte und Essig reinigen, dann mit einem Föhn bei höchster Stufe trocknen.

Wie kann man den Mehlmottenbefall verhindern? Mehl, Backzutaten, Nüsse, Dörrobst, Reis usw. sofort nach Kauf (besser noch vorher) prüfen. Mehlmotten werden fast immer mitgekauft. Bei Biowaren kommt es aufgrund der geringeren Verarbeitung häufiger zu Befall. Es kann helfen, Lebensmittel in luftdichte Behälter umzufüllen, Packungen nicht offen herumstehen zu lassen und Schränke sowie Regale regelmäßig zu putzen.

Eine alternative Bekämpfungsmethode soll der Einsatz von Schlupfwespen sein. Habe ich selbst noch nicht ausprobiert, aber die kleinen Nützlinge fressen angeblich die Maden der Motte und lösen sich danach in »Nichts« (= Staub) auf.

Der Schimmelpilz

Es gibt Schimmel, der ist gut. Penicillin zum Beispiel. Oder die Schimmelpilze, die aus normalem Käse leckeren Brie oder Camembert machen. Es gibt aber auch Schimmelpilze, die sind böse. Zum Beispiel jene, die sich auf Lebensmittel setzen, sie zersetzen

und in größerer Menge Atemprobleme oder Vergiftungserscheinungen auslösen. Ist etwas von Schimmel befallen, Schimmel, der da nicht hingehört, ist Vorsicht geboten. Als Erstes die befallenen Lebensmittel entsorgen. Dabei gilt: befallenes Brot, Obst oder Gemüse, Fleisch oder Wurst immer komplett wegwerfen. Und auch wenn unsere Omas früher den Schimmel einfach von der Marmelade gekratzt haben, legen neue Erkenntnisse nahe, besser das ganze Glas zu entsorgen – gerade bei zuckerhaltigen Lebensmitteln verbreiten sich die Sporen in rasantem Tempo und können schon gesundheitsschädlich sein, bevor man sie sieht. Stellt man Schimmelbefall fest, so muss auch das Regal, die Schale in der das Obst lagerte bzw. der Kühlschrank ausgeräumt und gründlich mit Essigwasser gereinigt werden. Ist der Schimmelbefall groß, bei der Entsorgung Gummi-

handschuhe tragen und Hände hinterher gründlich waschen. Schimmel hat nämlich die hartnäckige Eigenschaft, zum Dauergast zu werden, wenn man es ihm nicht ungemütlich macht. Übrigens gibt es Wetterlagen, die Schimmelpilzbildung auf Lebensmitteln begünstigen, weil dann auch viele Sporen in der Luft unterwegs sind – namentlich feuchtes und warmes Wetter. In diesem Fall besonders auf den Zustand der Lebensmittel achten.

Die Küchenschabe aka Kakerlake

»Alles was ich habe, ist meine Küchenschabe«, sang Reinhard Mey. Das klingt putzig und melancholisch. Küchenschaben sind aber vor allem ein Zeichen dafür, dass etwas mit der Hygiene (der eigenen oder der der Nachbarn) nicht stimmt. Ist eine Wohnung im Haus befallen, machen sich die Tiere nämlich auf Wanderschaft, um neue Nahrungsquellen zu

erschließen. *Blatta orientalis* ist ein ungern gesehener Gast, denn sie überträgt Krankheiten, ihre Hinterlassenschaften stinken gewaltig und wer ihrer nicht Herr wird, hat bald eine lustige Schaben-WG im Haus. Sollte man eine Schabe in der Küche sichten, als Erstes alle Lebensmittelvorräte, Schränke, den Spülschrank und Mülleimer prüfen. Es gibt im Drogeriemarkt Futterfallen, die man aufstellen kann – dann regelmäßig checken, ob sich darin ein paar Krabbeltierchen haben fangen lassen. Ab mehr als drei Exemplaren wird die Sache problematisch und sollte einem Kammerjäger vorgestellt werden. Außerdem muss bei Mietshäusern der Besitzer informiert werden. Das Thema ist leider sehr heikel, niemand ruft gerne bei seinem Vermieter an und sagt: Ich habe hier in der Küche Kakerlaken. Aber es ist wichtig, dass alle Quellen ausgeschlossen werden, denn egal wie penibel sauber man selbst ist: Einmal losgelassen, finden die Wanderschaben ihren Weg in die reinlichste Küche.

Die Fruchtfliege

Kommt der Sommer, kommt das frische Obst, kommt die Fruchtfliege. Erst ist es eine, dann sind es eine Million. Das beliebte Objekt für Bio-LK-Facharbeiten aus der Familie der *Drosophilidae* ist in der Küche ein eher unbeliebter Gast. Sobald bei jeder Bewegung Schwärme der Minifliege aufsteigen, um sich kurz darauf auf Obst, Spülschwämmen oder Saftgläsern niederzulassen, ist man genervt. Fruchtfliegen sind lästig.

Deswegen bietet einem der Handel unzählige Mittelchen, um den lästigen Plagegeistern den Gar auszumachen. Bei mir hat aber bereits folgendes Hausmittel geholfen: ein kleines Glas bis zum Rand mit einer süßen Essigsorte füllen, dann ein kleiner Spritzer Spüli dazu. Das reduziert die Oberflächenspannung der Flüssigkeit, so dass Fruchtfliegen, die auf dem leckeren Essig landen und sich daran laben wollen, untergehen. Ende der Fruchtfliege. Um sich nicht des hundertfachen Mordes schuldig zu machen, sollte man allerdings in erster Linie versuchen, den Fruchtfliegenbefall zu vermeiden. Das funktioniert, indem man reifes, aber nicht überreifes Obst kauft und sofort verzehrt. Lange Lagerung macht die Früchte anfällig für Druckstellen, die wie ein Magnet auf die Fruchtfliege wirken. Vergammelte Früchte sofort aussortieren und verkleckerten Saft sofort aufwischen, sollte ebenfalls helfen. Wer allerdings Einkochobst in großen Mengen ersteht, bekommt die Fruchtfliege meistens als Bonus mitgeliefert. Dann hilft nur noch die Essigfalle. Oder mit den Tierchen in friedlicher Koexistenz zu leben …

Rezepte zur Resteverwertung

Es wird nichts weggeworfen!

Ist der Hunger beim Kochen groß, werden es die Portionen meist auch. Und weil die Augen fast immer größer sind als der Magen (leidige Erfahrung, die man schon als Kind beim sonntäglichen Kuchenbuffet machen musste), kocht man meistens zu viel. Nach dem Essen bleiben dann klägliche oder erkleckliche Reste übrig, mal eine Hand voll, mal ein Teller Nudeln. Oder Reis. Selten Sauce. Wohin damit, was tun?

Ist der Rest groß genug, sind noch andere Reste der Mahlzeit vorhanden und ist man berufstätig, liegt es nahe, alles in eine Tupperschüssel zu verpacken und am nächsten Tag ins Büro oder die Werkstatt mitzunehmen. Aber was, wenn nur eine Beilage übrig ist? Pflichtschuldig tut man sie in den Kühlschrank, aber meistens schmeißt man das Zeug dann doch nach zwei Tagen weg. Oft verpackt man es nicht gescheit, dann trocknet es aus, oder man hat einfach keine Lust auf dröge Beilagen. Dabei sind Reste, und sind sie noch so klein, perfekte Grundlagen für völlige neue Gerichte. So hatte meine Schwester im zarten Alter von 13 Jahren die leckere Idee, aus übrig gebliebenen Nudeln (die sogar schon mit einer Pestosauce kontaminiert waren) und ein paar frischen Zutaten wie Paprika, Tomaten und Gurke, einen Salat zu zaubern. Schmeckte und es ward nichts weggeworfen.

Abgesehen von gekochten Resten gibt es auch oft Dinge, die im Kühlschrank oder Regal liegen und langsam, aber sicher, der Verwesung entgegenstreben. Der verschrumpelte Apfel in der Obstschale wird von allen Familienmitgliedern gemieden und die Gummi-Möhre im Gemüsefach wartet vergeblich auf Erlösung. Aber auch diese Müllkandidaten haben ein besseres Schicksal verdient.

Ein Rest, der am häufigsten weggeworfen wird: das Brot. Wenn es erst mal verschimmelt ist, kann es freilich keiner mehr retten. Aber hartes Brot hat das Potenzial für viele schmackhafte Gerichte. Ob ein süßer Auflauf, selbst gemachte Semmelbrösel oder Crostini – mit ein bisschen Kreativität hat auch der letzte olle Kanten eine Chance!

Reste können sogar gezielt eingesetzt werden, um bei wenig Zeit Kochaufwand zu sparen. Will heißen: Ich koche heute ein Gericht mit Kartoffeln und plane für morgen einen Kartoffelsalat ein. Dann kocht man selbstverständlich für beide Gerichte gleich die entsprechende Menge, bereitet den Salat noch am Vortag zu und muss am nächsten Tag nicht lange in der Küche stehen. Ähnliches funktioniert auch ganz wunderbar mit Nudeln, die an einem Tag mit Sauce, am nächsten als Auflauf oder Suppeneinlage gegessen werden können.

Selbst kleinste Reste, die man für nicht aufhebenswert hält, können wiederverwertet werden. So gibt ein Rest Bratensauce einer Suppe die nötige Würze, aus abgelösten Hühnerknochen lässt sich noch eine gute Brühe kochen und mit einer alten Kartoffel kann man Saucen binden oder eine Vinaigrette geschmacklich verbessern.

Die Mengenangaben der folgenden Rezepte beziehen sich jeweils auf zwei Erwachsene und ein bis zwei Kleinkinder, soweit nicht anders angegeben.

Natürlich sind Reste mal in größerer, mal in kleinerer Menge vorhanden. Reicht es nicht für eine gemeinsame Mahlzeit, so kann man doch zumindest einen Bürosnack oder eine Beilage zur Brotzeit daraus machen. Mit ein bisschen Übung kriegt man ein Gefühl dafür, wie viel Schafskäse ein Brotsalat verträgt und wie viel Salatsauce man machen muss.

Unser täglich Brot …

Brot wird in riesigen Mengen produziert, so dass der Verbraucher auch bis kurz vor Ladenschluss eine breite Auswahl hat. Was übrig bleibt, wirft der Laden weg. Was der Kunde nach Hause mitnimmt, wird allerdings auch nicht zu 100 Prozent verzehrt. Aus eigener Erfahrung weiß ich, wie schnell ein Brot schimmeln kann. Dann bleibt einem leider nichts anderes übrig, als die verdorbene Ware wegzuwerfen. Aber hartes oder gummiartiges Brot kann man noch für viele gute Sachen verwenden. Bevor also der nächste Kanten Weißbrot oder halbe Laib hartes Mischbrot unverdient in der Tonne landet, hier ein paar Ideen für leckere Rezepte aus altem Brot, Brötchen, Zwieback etc.

Scheiterhaufen

- Ca. 250 g altes Brot (Graubrot, Brötchen, Brioche, Croissants)
- 500 ml Milch
- 2 Eier
- 1 bis 2 Äpfel (hier kann man gut alte, schrumpelige Exemplare verwerten), in feine Schnitze geschnitten
- 1 EL Vanillezucker
- 2 EL normaler Zucker
- 1 Prise Zimt

Optional:
- Je 1 bis 2 Handvoll Rosinen und/oder Mandelsplitter

Altbackenes Brot in mundgerechte Stücke schneiden, in mit Milch verquirlten Eiern kurz eintauchen. Erst eine Schicht Brotstücke, dann Apfelschnitze, Rosinen und Mandelsplitter in eine gefettete Auflaufform schichten, immer abwechselnd. Die letzte Schicht sollte aus Brotstückchen bestehen. Die Milch-Ei-Mischung mit Vanillezucker, etwas Zucker & Zimt nochmals verquirlen und über die Masse geben.

10 Minuten ziehen lassen, damit sich das Brot komplett vollsaugen kann. Im Ofen bei 160 °C je nach Menge 30 bis 45 Minuten goldbraun backen. Dazu schmeckt Kompott, Vanillesauce oder Eis. Bon Appétit.

Bei kleineren Mengen Brot die Menge der Zutaten entsprechend runterskalieren und den Auflauf zum Beispiel als Nachspeise mit Eis reichen.

French Toast mit Obstsalat und Ahornsirup

Ein leckeres Frühstück, wenn am Wochenende nur noch altes Brot da ist.

- Obstreste (Äpfel, Bananen, Orangen, was gerade Saison hat und weg muss)
- etwas Zitronensaft
- 3 Eier, mittelgroß
- 250 ml Milch
- 3 EL Zucker
- 4 Scheiben altbackenes Brot (Graubrot, Weißbrot, Toast)
- Ahornsirup

Aus den Obstresten einen Salat machen. Mit etwas Zitronensaft beträufeln, damit Bananen oder Äpfel nicht braun werden.

Die Eier mit der Milch und dem Zucker in einer flachen Schüssel verquirlen. Eine Scheibe Brot in die Ei-Milch-Mischung legen, kurz andrücken, dann die andere Seite in die Mischung tauchen. Eine große Pfanne auf den Herd stellen und erwärmen. Dann ein kleines Stückchen Butter darin schmelzen und das Brot von beiden Seiten goldgelb anbraten. Die Butter darf nicht zu heiß werden, da sie sonst verbrennt und der French Toast schwarz wird.

Auf diese Art alle Brotstücke braten und noch warm mit Ahornsirup und dem Obstsalat servieren. Toll schmecken dazu auch gebratene Speckstreifen – wenn der also auch weg muss, steht einem Amerikanischen Frühstück nichts mehr im Wege. Enjoy!

Semmelbrösel

Beliebige Menge alte Brötchen, Toast, Brezen, Weißbrot

Wer eine Küchenmaschine sein eigen nennt, kann aus altbackenen Semmeln oder Brezen selbst Semmelbrösel herstellen. Dazu muss das Brot gut durchgetrocknet sein. Bestände vorher unbedingt auf Schimmel prüfen. Am besten trocknet das Brot in alten Bäckertüten verpackt an einem trockenen, kühlen Ort. Plastikbeutel sind weniger geeignet, da sich darin Feuchtigkeit sammeln kann – der ideale Nährboden für Schimmel. Das trockene Brot mit der Küchenmaschine auf feinster Stufe zerkleinern und in einem luftdichten Container verpacken. So halten sich selbst gemachte Semmelbrösel bis zu einem Jahr.

Gefüllte Paprika, Zucchini und die gute alte Bulette

Beliebige Menge alte Brötchen, Weißbrot, Graubrot etc.

Wer keine Küchenmaschine hat, kann anstelle von Semmelbröseln auch fein geschnittenes, altes Brot zur Herstellung von Frikadellen oder einer vegetarischen Füllung für z. B. Paprika oder Zucchini (siehe Rezept Seite 87) verwenden. Das Brot/die Brötchen sollten dann aber nicht älter als 2 bis 3 Tage sein.

Für Buletten das Brot (vorher Rinde entfernen) oder Brötchen in kleinste Stücke schneiden und 15 Minuten in Wasser einweichen. Vor Weiterverwendung die Masse gut ausdrücken und unter den entsprechenden Teig heben. Für gefüllte Paprika oder Zucchini das Brot in Würfel schneiden und in Olivenöl ziehen lassen.

Semmelknödel

Aus alten Brötchen und Brezen kann man auch herrliche Semmelknödel selbst machen. Mit einer Pilzsauce oder kurz in der Pfanne angebraten zu Salat wird so aus dem leidigen Brotrest ein leidenschaft–liches Mittagessen. Auch hier gilt: Die Reste dürfen nicht allzu alt und trocken sein.

- 3 Brötchen vom Vortag, oder 2 Brötchen + 2 Brezen
- 125 ml Milch
- 1 TL Salz
- 2 Eier (mittelgroß)
- Falls vorhanden: frische Petersilie

Die Brötchen oder Brezen in kleine Würfel schneiden. Wer eine Küchenmaschine hat, kann sie damit auch grob zerkleinern. Milch mit Salz in einem Topf erhitzen. Brotwürfel in eine große Schüssel geben, Eier darüber schlagen und unterrühren.

Dann die heiße Milch nach und nach dazugeben, bis alle Semmelstücke mit der Mischung vollgesogen sind. Nun eventuell frische, fein gehackte Petersilie zum Teig geben, unterheben und ihn eine halbe Stunde ruhen lassen. Dann sollte das Knödelbrot die Milch-Ei-Mischung aufgesaugt haben. Je älter das Brot, desto mehr verlängert sich die Ruhezeit.
Nun der Test: Lässt sich ein Knödel formen? Dazu die Hände anfeuchten und eine Handvoll Teig zu einem Rundling formen. Ist das Ganze zu klebrig, noch ein paar Semmelbrösel dazugeben. Ist er bröckelig, noch ein Ei dazugeben.

Anschließend in einem großen Topf 5 Liter Wasser zum Kochen bringen. Knödel formen und nach und nach vorsichtig ins heiße Wasser gleiten lassen. Die Hände immer wieder mit Wasser benetzen, damit nichts klebt. Wenn alle Knödel an die Wasseroberfläche gekommen sind, Herdplatte auf kleinste Stufe stellen und Knödel ca. 20 Minuten im heißen Wasser ziehen lassen.

Dann mit einem Schaumlöffel (das ist die Suppenkelle mit Löchern drin – schon mal gefragt, wofür die da ist?) Knödel aus dem Wasser heben, abtropfen lassen und in eine Schüssel geben, auf deren Boden man einen umgedrehten Unterteller gelegt hat. So kann sich eventuelles Restwasser im Rand zwischen Teller und Schüssel sammeln und die Knödel schwimmen nicht darin herum. Bon Appétit!

Für Anfänger: Die Knödelwurst

Wer sich noch nicht an die richtigen Knödel traut, kann alternativ eine Knödelwurst zubereiten. Dazu nimmt man ein ausreichend großes Stück Alufolie, fettet es mit etwas Butter ein, formt den Knödelteig zu einer länglichen Wurst und legt die Teigmasse in die Mitte der Alufolie. Diese entlang der Wurst beidseitig nach oben falten, dort zusammenschlagen und die Enden hochbiegen. Die Aluwurst in eine Pfanne legen und mit Wasser angießen, ungefähr bis zur halben Höhe der Knödelwurst. Aufkochen lassen und danach bei geringer Hitze ca. 20 Minuten köcheln lassen. Dann vorsichtig (mit Handschuhen und adäquaten Hilfsmitteln!) die Aluwurst aus dem Wasser nehmen. Ca. 10 Minuten ruhen lassen, dann vorsichtig auswickeln und in Scheiben schneiden. Wie Semmelknödel essen oder in der Pfanne in Butter anbraten.

Brotsalat

- 3 EL Olivenöl
- 1 EL Balsamicoessig
- 1 TL Senf
- Salz, Pfeffer
- 2 große Handvoll altes Brot oder Brötchen
- 1 Handvoll gewürfeltes Gemüse, z. B. Paprika, Tomaten oder Salatgurke
- 1 Handvoll Fetawürfel
- Frisches Basilikum oder Petersilie

Aus Olivenöl, Essig, Senf, Salz und Pfeffer eine Salatsauce herstellen. Brot in mundgerechte Stücke schneiden bzw. zupfen, in eine Schüssel geben und mit der Sauce übergießen. 15 Minuten ziehen lassen. Dann die restlichen Zutaten dazugeben, gut untermischen und mit frischen Kräutern bestreuen. Der Fantasie sind bei Brotsalat keine Grenzen gesetzt.

Wer mag, kann zum Beispiel statt Feta Parmesan fein über den Salat hobeln und noch Oliven sowie Kapern dazugeben.

Röstbrot mit Knoblauch, Kräutern oder Parmesan

- 4 Scheiben Brot bzw. 8 Semmelstückchen
- 2 bis 3 Knoblauchzehen
- 2 EL Olivenöl
- Etwas Meersalz oder Fleur de Sel

Eine ganz einfache Verwertung von altem Brot: Röstbrot. Dazu von alten Semmeln quer kleine Stücke abschneiden, Graubrot dünn schneiden und halbieren. Knoblauchzehen zerdrücken bzw. fein hacken und mit 2 EL Olivenöl mischen. Obergrill im Ofen auf volle Leistung vorheizen. Die Brotstücke auf ein Backblech legen, mit der Mischung bestreichen und mit Meersalz bestreuen. Im Ofen kurz goldbraun grillen.

Variante 1: Eine Handvoll frische Kräuter (Petersilie, Basilikum, Oregano, Thymian) fein hacken und mit 3 EL weicher Butter sowie Salz verrühren. Auf 4 Scheiben Graubrot oder 8 Semmelscheibchen streichen und wie gehabt goldbraun grillen.

Variante 2: Brote bzw. Semmeln mit Olivenöl bestreichen und großzügig mit geriebenem Parmesan bestreuen.

Variante 3: Im Sommer kann man auch eine leckere Kräuterbutter (wie Variante 1) zubereiten, die Brotstücke auf dem Grill rösten (Achtung: geht sehr schnell!) und dann, noch heiß, mit der Kräuterbutter bestreichen. So kann man bei einem gemütlichen Grillnachmittag gleich noch alte Brotreste vertilgen und hat eine leckere Beilage. Lassen Sie sich's schmecken!

Nudelreste

Nudeln sind ein weiterer Rest, der häufig anfällt. Möchte man bei der Resteverwertung möglichst viele Möglichkeiten haben, sollte man eins schon mal nicht tun: Die Nudeln vor dem Essen direkt im Topf mit der Sauce vermischen. Lieber immer auf dem Teller anrichten. So sind Nudelreste nicht mit Sauce »kontaminiert« und können in vielen verschiedenen Restegerichten verwendet werden. Größere Mengen Saucenreste können dann zum Beispiel für später eingefroren werden, kleinere Reste machen sich gut in Suppen oder Aufläufen.

Nudelsalat

Bei diesem Restesalat sind der Fantasie fast keine Grenzen gesetzt. Mein Favorit ist der folgende:

- 4 Handvoll gekochte kurze Nudeln
- 1 bis 2 EL Olivenöl
- 1 EL Balsamicoessig
- Salz, Pfeffer
- 5 getrocknete Tomaten in Öl
- 1 bis 2 Möhren, geraspelt
- 1 Handvoll gehobelter Parmesan

Optional:
- Frisches Basilikum oder Oregano

Die Nudeln in eine Salatschüssel geben. Mit Olivenöl, Essig, Salz und Pfeffer eine Sauce herstellen und über die Nudel geben. Unterrühren. Gekochte Nudeln tendieren dazu, beim Aufbewahren zu einem unbarmherzigen Nudelblock zusammenzukleben. Indem man zuerst die Nudeln mit der Sauce ver-

rührt, löst man die zusammengeklebten Nudeln sanft voneinander.

Die getrockneten Tomaten abtropfen lassen und fein hacken. Möhren grob raspeln. Zusammen mit dem gehobelten Parmesan zu den Nudeln geben und unterheben. Kurz ziehen lassen und noch mal abschmecken – Nudelsalat verträgt in der Regel viel Salz. Mit frischem Basilikum oder Oregano bestreuen und servieren.

Alternativen: Parmesan statt Feta, Kirschtomaten statt getrockneter Tomaten, Käse weglassen und stattdessen Bratenreste klein geschnitten dazu geben. Die Möglichkeiten sind wirklich endlos.

Einziger Tipp: Sauce immer schlicht halten, also entweder Olivenöl und Essig oder Zitronensaft. Als pikante Note Oliven *oder* Tomaten *oder* Kapern dazu geben. Rohkost peppt den Salat zusätzlich auf, hier lassen sich gut verwenden: Möhren, frische Tomaten, Fenchel.

Nudelauflauf

Sind wirklich viele Nudeln übrig, ist ein
Nudelauflauf die richtige Wahl. Hier ein Rezept
für die einfachste Variante, das ich mir von den
amerikanischen Macaroni 'n' Cheese abgeschaut
habe. Natürlich lassen sich darin auch Reste von
gekochtem Gemüse oder Fleisch verstecken.
Wichtig: Die cremige Sauce und ein würziger
Käse, damit das Ganze nicht trocken und
langweilig schmeckt.

Für 400 g gekochte Nudeln
- 2 EL Butter
- 2 EL Mehl
- 250 ml Milch
- 2 Hand voll geriebener Käse (Gouda,
  Parmesan, Appenzeller, Käsereste)
- Salz, Pfeffer

Für die Käsesauce 2 EL Butter in einem Topf schmelzen. Das Mehl darin anschwitzen, nach und nach mit
der Milch ablöschen. Ordentlich mit dem Schneebesen durchrühren, damit keine Klümpchen entstehen.
1 Hand voll geriebenen Käse in die Sauce geben,
Topf vom Herd nehmen und Käse unterrühren.
Mit Salz und Pfeffer abschmecken. Nudeln in eine
eingefettete Auflaufform geben, ggf. Gemüse- oder
Fleischreste (Achtung: dürfen nur gekochte Reste
sein!) dazu geben und die Käsesauce über die
Nudeln gießen. Mit dem restlichen geriebenen
Käse bestreuen und im Ofen ca. 30 Minuten goldgelb backen.

Gebratene Nudeln mit Zimt & Zucker

Je nach Nudelrestmenge lecker für 1 Person als
süßes Abendessen oder als Nachspeise für mehrere.

Dazu 1 EL Butter in einer Pfanne erhitzen. Nudeln
sowie Zimt & Zucker dazugeben und so lange braten,
bis die Nudeln erwärmt und Zimt & Zucker karamellisiert sind. Dazu frisches Obst reichen.

Nudeln als Suppeneinlage

Hat man vom Vortag noch Nudeln übrig, kann man
am nächsten Tag zum Beispiel eine Minestrone
(Rezept Seite 68) einplanen. Nudeln sind für diese
italienische Gemüsesuppe die perfekte Einlage, aber
auch für Gemüsebrühe oder Hühnersuppe geeignet.

Kartoffelreste

Gelegentlich bleibt mal das eine oder andere Salz- oder Pellkartöffelchen übrig. Kartoffelgenießer wie mein Sohn essen die einfach als Snack, kalt mit etwas Salz. Da das aber nicht jedermanns Sache ist, hier ein paar Rezepte, was man mit Restkartoffeln machen kann. Für Reste von Kartoffelpüree empfehle ich Sasas Veggie-Pie (Rezept Seite 94), außerdem eignet es sich prima als Suppenbinder in jede Art von Cremesuppe. Reste von Pellkartoffeln machen sich gut in der vegetarischen Moussaka (Rezept Seite 83).

Kartoffelvinaigrette

Für 4 Personen
- 1 gekochte Kartoffel vom Vortag
- ½ Zwiebel, fein gehackt
- 3 EL neutrales Öl
- 1 EL Kräuteressig
- 1 TL Estragon oder
- Salatkräutermischung (im Winter fertig, im Sommer frisch, z.B. Dill, Bohnenkraut, Schnittlauch, Bärlauch, Petersilie)
- Salz, Pfeffer

Die Kartoffel mit der Gabel fein zerdrücken. Mit den Zwiebelstückchen, Öl, Essig und den Kräutern vermischen. Mit Salz und Pfeffer abschmecken. Schmeckt sehr gut zu Wintersalaten wie Feld- oder Friseesalat, aber auch zu Rucola oder Romanasalat.

Achtung: Haben Kartoffeln grüne Stellen und Keimanlagen, sollten diese immer sorgfältig weggeschnitten werden, da hier größere Konzentrationen des natürlichen Gifts Solanin vorkommen können.

Schwedischer Kartoffelsalat mit Gurken

Sind mehr Kartoffeln übrig, kann man daraus einen schmackhaften Salat für das Büro oder als Snack für den nächsten Tag machen. Ich bereite den Salat meistens noch am selben Tag zu, damit die Kartoffeln nicht zu lange liegen und so an der Luft aufgrund der Stärke süß werden. Die Menge der anderen Zutaten richtet sich nach der Anzahl der vorhandenen Kartoffeln. Das Rezept finden Sie auf Seite 87.

Bauernfrühstück für einen Bauern und einen Knecht

- 2 Handvoll Kartoffeln vom Vortag
- Fleisch- oder Wurstreste nach Bedarf und Geschmack

Alternativ:

- Speckwürfel und für Vegetarier Tomaten- oder Paprikawürfel
- 2 EL Butter
- 3 Eier
- Salz, Pfeffer

Zum Garnieren:

- dicke Spreewaldgurken

Kartoffeln und Fleisch bzw. Wurst oder Speck grob würfeln. In einer großen Pfanne Butter schmelzen, dann Kartoffeln und Fleisch knusprig anbraten. Hitze runterstellen und unter Rühren alle drei Eier nach und nach darüber schlagen. Mit Salz und Pfeffer würzen. Nach 5 Minuten Pfanne vom Herd nehmen. Bauernfrühstück auf einen Teller geben und mit supersauren Spreewaldgurken servieren. Alternativ kann man auch Schnittlauch drüberstreuen. Schmeckt besonders gut als Katerfrühstück.

Der Resteklassiker schlechthin. Darin kommen Kartoffeln vom Vortag genauso gut unter wie übrig gebliebene Buletten oder Bratenreste.

Fleisch- und Wurstreste

Es versteht sich natürlich von selbst, Fleisch- und Wurstreste zeitnah zu verarbeiten, d. h. gekochtes Fleisch spätestens am nächsten Tag, Wurstwaren noch innerhalb ihres Haltbarkeitsdatums. Reste gehören immer gut verpackt in den Kühlschrank – die Gesundheit geht vor!

Fleischsalat à la Mama

Das Beste am Sonntagsbraten war der Restesalat, den meine Mama am nächsten Tag auf den Tisch brachte. Das Rezept funktioniert mit Schweine- und Rindfleisch. Wichtig ist, das Fleisch in sehr kleine Würfel zu schneiden, da man sonst zu lange darauf rumkaut. Außerdem kommen auch hier wieder eventuelle Kartoffelreste zum Einsatz, die man bei Sonntagsessen fast schon einplanen sollte. Ansonsten bieten sich Pellkartoffeln aus festkochenden Sorten an.

Zutaten für 2 Personen
- 2 Handvoll Fleischreste, sehr fein gewürfelt
- 2 Handvoll Pellkartoffeln, gewürfelt
- ½ Zwiebel, fein gehackt
- 4 Gewürzgürkchen, fein gehackt
- 2 bis 3 EL Mayonnaise
- 1 bis 2 EL Essig bzw. von der Gewürzgurkenlake
- 2 TL Senf
- Salz, Pfeffer
- Kräuter (z. B. Estragon, Dill, Petersilie) nach Geschmack

Fleischreste zusammen mit Pellkartoffelwürfeln in eine Schüssel geben. Zwiebel sowie Gewürzgürkchen dazugeben. Aus der Mayonnaise, dem Essig, Senf, Salz und Pfeffer sowie Kräutern eine pikante Sauce herstellen. Die Menge richtet sich nach der Beschaffenheit der Kartoffeln und des Fleisches. Zum Salat geben und unterrühren. Mindestens eine Stunde bzw. über Nacht ziehen lassen. Wenn der Salat zu trocken ist, noch 1 bis 2 EL Crème Fraîche zum Salat geben bzw. nachträglich ein wenig Sauce herstellen. Wichtig: lieber mit zu wenig Sauce starten. Falls die Kartoffeln nämlich Reste sind und unter Umständen eine mehlig kochende Sorte, hat man schnell eine schöne Pampe.

Hühnersandwich

Wenn ich eine Hühnersuppe koche, lege ich immer die Hühnerbrust beiseite. Dieses Fleisch ist nämlich fast zu schade um in der Suppe »verwurstet« zu werden. Dafür eignet sich viel besser das viele kleine Fleisch, das man in sorgfältiger Arbeit von den Knochen fieselt. Aus der kalten Hühnerbrust mache ich am nächsten Tag fürs Lunchpaket ein leckeres Hühnersandwich.

Je nach Hühnermenge braucht man dafür
- ½ Baguette oder zwei große Scheiben Bauernbrot
- Mayonnaise (oder Salatcreme für die leichtere Variante)
- Ein wenig Zitronensaft
- 1 Messerspitze Senfpulver bzw. 1 TL Senf
- Kapern
- Salz, Pfeffer
- Frische Kräuter falls zur Hand (Petersilie, Basilikum, Oregano, Estragon)

Baguette halbieren oder zwei Scheiben Bauernbrot bereitlegen. Aus Mayonnaise, Zitronensaft, Senf sowie Kapern, Salz und Pfeffer eine Paste rühren. Diese dick auf beide Seiten bzw. Scheiben schmieren und mit der Hühnerbrust belegen. Zum Schluss mit frischen Kräutern bestreuen, zuklappen, für das Büro einpacken oder sofort genießen. Ich esse dazu immer gerne ein paar Kartoffelchips mit Salz – eine

sehr ungesunde Unsitte, die ich aus Großbritannien mitgebracht habe, wo zu jedem Lunch Crisps gereicht werden. Wer es gesund mag, kann auch ein paar Tomatenscheiben oder Salatblätter aufs Sandwich tun.

Spaghetti Puttanesca

Dieses Rezept ist inspiriert von einer Nudelsauce,
die der Legende nach in kulinarisch grauer Vorzeit
von Bordsteinschwalben (Puttana) in Italien gekocht
wurde. Kapern und Oliven geben der Sauce eine
würzige, Tomaten und Oregano eine süßliche Note.

Da man in dieser Sauce prima Reste von Fleisch,
Gemüse oder Fisch verstecken kann, sie aber nicht
nach Resteverwertung, sondern nach Sonne, Wärme
und Liebe schmeckt, ist sie mein Favorit für Tage, an
denen ich keine Lust zu kochen, aber Hunger auf
einen riesigen Pott leckere Nudeln habe.

Grundzutaten für 4 Portionen
- 1 Zwiebel
- 2 bis 3 Zehen Knoblauch
- Olivenöl zum Anbraten
- 100 ml Brühe
- 1 EL Kapern
- 1 Hand voll schwarze Oliven, halbiert
- viele frische Tomaten oder 1 Glas
  Tomatensugo à la Violetta (Rezept Seite 88)
  oder
- 1 Dose Tomaten
- Salz
- Pfeffer
- Oregano

Des Weiteren kann alles rein, was weg muss, z.B. Pilze, Karotten und Fenchel für die vegetarische Variante. Ich als Carnivore gebe außerdem alles an Wurst oder Fisch rein, was weg muss: alte Salami, Reste von Schinken, Thunfisch, alter Braten … you name it, I use it. Geheimzutat: 2 Esslöffel Ketchup.

Gemüsereste, Zwiebeln, Knoblauch, Fleisch, Wurst und Fisch klein schneiden und in etwas Olivenöl anbraten. Dann mit ein wenig Brühe ablöschen. Die anderen Zutaten bis auf den Ketchup hinzugeben und auf mittlerer Hitze so lange köcheln lassen, bis die Tomaten zerfallen sind (bei Verwendung von Dosentomaten: bis das Gemüse gar ist). Vorsichtig beim Salzen: Werden viele Wurstreste verwendet, ist die Sauce schon von selbst recht salzig. Lieber vorsichtig sein und später nachsalzen. Die Sauce sollte zum Schluss schön sämig sein. Falls die Tomaten zu viel Flüssigkeit abgegeben haben, nochmals etwas einkochen lassen. Nebenher in einem Topf mit reichlich Salzwasser Spaghetti kochen. Kurz vor dem Servieren noch mit dem Ketchup abschmecken, gegebenenfalls mit Salz nachwürzen.

Ein wunderbar schnelles und herzerwärmendes Abendessen nach einem doofen Tag. Soulfood eben. Da dürfen es auch ruhig ein paar Nudeln mehr sein. Und Reste schmecken, am nächsten Tag aufgewärmt, auch sehr gut. Buon appetito.

Reste-Soljanka

Auch hier kann alles rein, was weg muss: Fleisch, Wurst, aber auch Gemüsereste. Meine Variante kommt ohne Kohl aus (wenn er aber weg muss: rein damit!) und folgt auch nicht der strikten Kochanweisung klassischer Rezepte.

- 1 große Zwiebel
- 500 g Fleisch- und Wurstreste
- 2 EL neutrales Öl
- 4 Pimentkörner
- 1 Lorbeerblatt
- 1 TL Paprikapulver
- Pfeffer
- 1 l Rinderbrühe (instant oder aus dem Vorrat)
- Gemüsereste (Tomaten, Paprika, Möhren, Sellerie, Pilze, gekochte Kartoffeln …)
- 5 Gewürzgurken
- 1 EL Zucker
- ½ Flasche Ketchup (ja, das ist viel. Schmeckt aber himmlisch!)
- Zitronensaft und Gurkenwasser nach Geschmack
- Salz
- Schmand zum Servieren

Zwiebel fein hacken. Fleisch und Wurst klein würfeln. Öl in einem großen Topf erhitzen, Zwiebeln darin anschwitzen. Fleisch, Piment, Lorbeer, Paprikapulver, Pfeffer dazugeben und kurz anbraten. Mit Brühe ablöschen und bei mittlerer Hitze köcheln lassen. Gemüsereste und Gewürzgurken klein würfeln und mit dem Zucker dazugeben. 1 Stunde köcheln lassen. Dann Piment und Lorbeer entnehmen, Ketchup dazugeben und gut durchrühren. Mit Zitronensaft oder Gurkenwasser und Salz pikant abschmecken. Suppe mit einem Klacks Schmand garnieren. Wer mag, kann auch eine Zitronenscheibe dazu reichen. Als Beilage gibt es Brötchen oder Baguette.

Reisreste, Couscous

Neben Nudeln, Brot und Kartoffeln bleibt auch gerne mal etwas Reis übrig. Gut, wenn er dann nicht mit Sauce vermischt ist – das schränkt die Möglichkeiten zur Resteverwertung sehr ein. Also beim Servieren bereits an morgen denken. Couscous hat vielleicht noch nicht jeder in der Küche – aber ausprobieren lohnt sich, denn er ist die schnelle Alternative zu Reis und macht sich gerade im Sommer gut als Basis für Salate.

Reispudding

Ich tendiere immer dazu, viel Reis zu kochen. Zu viel Reis, da ich zu faul bin, die richtige Menge abzuwiegen. Aber hier kommt ja (fast) nichts um. Also gibt es am nächsten Tag, dank meiner Faulheit, einen leckeren Nachtisch: Reispudding.

Zutaten (richten sich nach der Reismenge)
- Milch nach Bedarf
- 1 bis 2 EL Zimt & Zucker
- 1 Tütchen Vanillezucker
- 1 Hand voll Rosinen

Extra-Tipp für Veganer sowie Kokosfans: statt der normalen Milch Kokosmilch nehmen. Dann kann man Zimt & Zucker getrost weglassen. Yum!

Den Reis in einen Topf geben. Mit Milch angießen, der Reis sollte dabei knapp mit Flüssigkeit bedeckt sein. Zimt & Zucker, Vanillezucker sowie Rosinen dazugeben, umrühren. Aufkochen lassen.

Dann bei kleiner Hitze 15 bis 20 Minuten köcheln, bis eine cremige, wohlriechende Pampe entstanden ist. Zwischendrin unbedingt öfter mal umrühren und eventuell ein wenig Milch nachgießen – der Pudding brennt leicht an!

Den Reispudding anschließend in kleine Schüsseln oder Tassen, am besten Keramik, füllen und kalt stellen. Achtung: nicht sofort in den Kühlschrank, das verbraucht extra Energie. Vorher gute 10 Minuten auf dem Fensterbrett ein wenig auskühlen lassen.

Mindestens 30 Minuten kalt stellen, am Besten aber eine Stunde. Die einzelnen Portionen nach Bedarf aus dem Behälter auf einen Teller stürzen. Einfach so essen, oder nach Belieben mit frischen Früchten garnieren.

Suppeneinlage

Reisreste eigenen sich außerdem hervorragend als Suppeneinlage, z. B. in einer Hühnerbrühe (Seite 105) oder in Gemüsebrühe (Seite 107).

Couscousbällchen aus dem Ofen

Zutaten für 2 Hand voll Couscousreste
- 1 bis 2 Eier (je nach Größe)
- 1 EL Olivenöl
- 3 EL Magerquark
- Salz
- Pfeffer
- 1 Prise Kreuzkümmel
- 1 große Möhre
- 1 Hand voll fein gekrümelter Feta

Die Eier, dass Öl und den Magerquark zu dem Couscous geben und unterrühren. Reichlich salzen und pfeffern, Kreuzkümmel dazu. Dann die Möhre sehr fein hobeln, zusammen mit dem Feta unter die Masse geben und verrühren. Ist die Konsistenz zu trocken, noch einen Esslöffel Magerquark darunter mischen. Ist die Konsistenz zu feucht, so kann man

dem mit einer Hand voll feiner Haferflocken Abhilfe schaffen.

Aus der Masse kleine Bällchen formen, auf ein mit Backpapier ausgelegtes Blech setzen und in den (auf 180 °C vorgeheizten) Ofen geben. 25 Minuten bei Ober-Unterhitze backen. 5 Minuten vor Ende der Backzeit Bällchen umdrehen.

Man kann die Bällchen gut kalt essen, als Snack in der Mittagspause oder auch auf einem großen Salat. Dazu passt ein Kräuterquark mit Radieschen (Seite 81). Wenn man die Bällchen nicht mit Resten, sondern mit extra dafür zubereitetem Couscous machen möchte, würde ich diesen mit Gemüsebrühe ansetzen. So werden die Bällchen noch geschmackiger und man kann die Salzmenge etwas reduzieren.

Couscoussalat

Aus Couscousresten kann man außerdem immer einen schnellen, leckeren Salat zaubern. Das Basisrezept dafür gibt es bei den Sommerrezepten auf Seite 84.

Gemüsereste

Auch bei bester Planung findet man immer wieder Gemüse, dass dringend verkocht werden muss. Ich mache daraus gerne Suppen.

Minestrone

Ein paar gekochte Bohnen, ein letzter Happen Tomatensalat, eine Salzkartoffel, eine kleine Portion Nudeln. Daraus wird: eine Minestrone. Ein halber Kopf Weißkohl, ein paar Brokkoliröschen, ein Minirest Erbsen im Tiefkühler. Daraus wird: eine Minestrone.

Grundzutaten für 4 Portionen:
- 1 Zwiebel
- 1 Knoblauchzehe
- 3 Hand voll Gemüse, das weg muss (gut geeignet sind Kartoffeln, Weißkohl, Wirsing, Chinakohl, Zucchini, Bohnen, Stangensellerie, Erbsen, Brokkoli, Blumenkohl, Möhren, Rosenkohl, Paprika, Tomaten)
- 2 EL Olivenöl
- 1 Zweig Rosmarin bzw. 2 TL getrockneter Rosmarin
- 1 l Gemüse- oder gute Hühnerbrühe

- Salz
- Pfeffer

Falls Sommer:
- frisches Basilikum!
- Nudeln als Suppeneinlage (entweder ungekocht dazugeben oder Reste verwenden)
- Parmesan

Zwiebeln und Knoblauch fein hacken. Gemüse putzen und klein schneiden: Kartoffeln in Würfel, Kohl in feine Streifen, Zucchini in Scheiben, Bohnen halbieren, Stangensellerie in feine Scheiben schneiden, Möhren fein hobeln, Brokkoli oder Blumenkohl in kleine Röschen brechen, Rosenkohl halbieren, Paprika in feine Streifen schneiden, Tomaten vierteln. Ist das Gemüse ein gekochter Rest, klein schneiden und beiseitestellen. In einem großen Topf das Öl heiß werden lassen und frischen Rosmarin dazugeben. Wenn dieser anfängt zu duften, Zwiebeln und Knoblauch dazugeben. Falls getrockneter Rosmarin verwendet wird, diesen erst nach Zwiebeln und Knoblauch dazugeben. Kurz anschwitzen, bis die Zwiebeln schön glasig sind. Dann die ungekochten Gemüseteile dazugeben und kurz mit anbraten. Mit der Brühe ablöschen, Platte runterschalten und auf mittlerer Hitze ca. 25 Minuten köcheln lassen.

Die gekochten Gemüseteile sowie ungekochte Nudeln (gut eignen sich Rigatoni oder Spiralnudeln) ca. 10 Minuten vor Ende der Kochzeit dazugeben, damit sie die Aromen aufnehmen können. Probieren, ob alles gar ist, manchmal braucht Weißkohl etwas länger. Das Gemüse sollte aber in keinem Fall zerkocht sein! Nun mit Salz und reichlich Pfeffer abschmecken. Bei Verwendung von Nudelresten diese nun zur Suppe geben und 5 Minuten warm ziehen lassen. Wenn möglich zwei Hand voll frisches Basilikum waschen, grob zupfen und ganz zum Schluss dazugeben. Das gibt den Extrakick Sommerfrische. Suppe in Teller schöpfen und mit frisch geriebenem Parmesan servieren. Lecker, gesund und garantiert kein langweiliges Resteessen!

Gemüsegratin

Übriges Gemüse lässt sich gut in einem Gratin verstecken. Die cremige Sahnesauce in Verbindung mit einer großzügigen Käsesauce gibt eine wärmende Note und lässt vergessen, dass die Möhren verschrumpelt, die Kartoffel schon etwas gekeimt (denken Sie daran, die Keimstellen sorgfältig wegzuschneiden!) oder die Zucchini nicht mehr ganz so knackig waren.

Zutaten für 4 Personen

- 4 große Hand voll geputztes, in Scheiben geraspeltes bzw. klein geschnittenes Gemüse z. B. Pilze, Kartoffeln und Aubergine oder Karotten, Zucchini und Aubergine oder Kartoffeln, Zucchini und Erbsen oder Karotten, Lauch und Kartoffeln
- 1 Becher Sahne
- 1 Hand voll geriebener Parmesan
- Salz, Pfeffer
- Muskatnuss
- 3 Hand voll Reibekäse z. B. Emmentaler, Gouda oder Käsereste

Ofen auf 180 °C vorheizen. Gemüse abwechselnd in eine große Auflaufform schichten. In einer Schüssel Sahne und Parmesan mit Salz, Pfeffer sowie Muskatnuss zu einer würzigen Sauce verrühren. Sie darf ruhig etwas salzig sein, das Gemüse ist ja ungesalzen und soll nachher auch nach etwas schmecken! Über das Gemüse schütten. Es sollte vollständig mit der Sahne bedeckt sein. Den Reibekäse darüber streuen und auf der mittleren Schiene im Ofen mindestens 40 Minuten backen.

Vor allem Kartoffeln und Karotten tendieren dazu, bissfest zu sein. Kombiniert man sie mit schneller garendem Gemüse (Auberginen, Bohnen, Lauch), Kartoffel und Karotten einfach 15 Minuten in Wasser vorkochen.

Das Rezept eignet sich übrigens auch für die Verarbeitung von gegartem Gemüse, dann muss es allerdings nur 15 Minuten überbacken werden.

Obstreste

Obst schmeckt am besten frisch und ist dann auch am gesündesten. Das sollte man beim Einkauf und Wochenplan unbedingt mit bedenken. Wenn aber doch mal etwas übrig bleibt oder schon länger lagert, dann sind folgende zwei Rezepte die einfachste Art, aus Bananen und anderen Früchten noch etwas leckeres zu zaubern, bevor man sie, von Fruchtfliegen und Schimmel befallen, wegwerfen muss.

Fluffige Bananenpfannkuchen

Zutaten zur Verwertung einer überreifen Banane

- 200 ml Milch
- 1 Ei
- 30 g zerlassene Butter
- 120 g Dinkelmehl
- 60 g Weizenmehl
- 2 TL Backpulver
- 2 El Zucker
- 1 Prise Salz

Banane mit einem Stabmixer oder einer Gabel pürieren, bis feines Bananenmus daraus geworden ist (vorher natürlich schälen!). Zu dem Mus gibt man die Milch, das Ei sowie die zerlassene Butter. Mit einem Schneebesen gut verrühren. In einer anderen Schüssel die trockenen Zutaten (Dinkelmehl, Weizenmehl, Backpulver, Zucker sowie Salz) miteinander vermischen. Nun die trockenen zu den flüssigen Zutaten geben und unterrühren. Den Teig 10 Minuten stehen lassen, damit das Backpulver schon mal anfangen kann, zu arbeiten.

Eine beschichtete Pfanne mit etwas Butter einfetten (wirklich nur wenig für die erste Ladung, da die zerlassene Butter im Teig später genug Fett abgibt) und heiß werden lassen. Dann mit einem Esslöffel 4 mittelgroße Tropfen Teig in die Pfanne geben.

Wenn der Teig an der Oberfläche anfängt zu blubbern und kleine Löcher entstehen, umdrehen. Sollten die Pfannkuchen unten schon sehr dunkel sein, die Platte ein bisschen runterdrehen. Nun die andere Seite goldbraun werden lassen. Teig nach und nach in kleine, fluffige Bananenpfannkuchen verbraten.

Super als Frühstück mit frischem Obst und Ahornsirup, aber auch kalt als Wegzehrung oder bei einem Picknick. Bon Appétit.

Altes Obst zu Obstsalat

Schrumpeliges Obst in der Obstschale bietet immer einen erbärmlichen Anblick und kein Familienmitglied hat Lust, in den ollen Appel, die braune Banane oder den matschigen Pfirsich zu beißen. Also muss das Alte in neuem Gewand erstrahlen: als Obstsalat!

Als Nachtisch für 4 Personen
- 4 Hand voll klein geschnittenes Obst, je nach Saison
- 2 EL Zitronensaft
- 1 Päckchen Vanillezucker
- 1 Hand voll gehobelte Mandeln oder Cranberrys oder Rosinen

Das Obst waschen, von faulen Stücken befreien, gegebenenfalls schälen, natürlich entkernen, in kleine Stücke schneiden, in eine große Schüssel geben und sofort mit dem Zitronensaft sowie dem Vanillezucker vermengen – damit z. B. Bananen oder Äpfel nicht braun werden. Benutzt man auch Zitrusfrüchte wie Grapefruit und Orange und sind diese sehr saftig, die Menge an Zitronensaft reduzieren. Cranberrys oder Rosinen oder Mandeln dazugeben und bald servieren – Obstsalat hat die Tendenz, sehr matschig zu werden, wenn er lange steht, vor allem wenn er aus sehr reifen Früchten gemacht ist.

Der andere Weg: Reste vermeiden

Meistens kocht man, wenn man Hunger hat. Oft kocht man dann mehr, als man essen kann. Das Resultat: Reste. Man kann Reste von Kartoffeln, Nudeln oder Reis zwar wunderbar verwerten, aber nicht immer hat man dafür Zeit oder Nerven. Wenn man demnach genug, aber nicht zu viel, ausreichende aber nicht übermäßige Menge kochen möchte, sind folgende Einheiten ganz hilfreich:

Für eine Person kocht man
- 100 g Pasta
- 300 g Kartoffeln
- ¼ Tasse Reis

Das lässt sich entsprechend hoch skalieren, für Kinder bis zehn Jahre rechnet man die Hälfte (außer es sind gefräßige Kinder, dann eine Erwachsenenportion). Ist bei uns mittlerweile ganz gut erprobt. Bei mir gilt die Faustregel: pro Person zwei Hand voll Gemüse und eine Hand voll Fleisch.

Saisonale Küche

Was gibt es wann und was kann man damit machen?

Erdbeeren im Januar, Orangen im Mai, Tomaten unterm Weihnachtsbaum? Es gibt auf der Welt bestimmt Länder, in denen diese Waren zu diesen Zeiten auf den Tisch kommen können. Deutschland gehört nicht dazu. Erdbeeren gibt es bei uns im Mai, Orangen im Winter und Tomaten schmecken am besten im August. Saisonware nennt man so etwas.

Saisonale Küche hat in den letzten Jahren wieder einen Aufschwung genommen und mehr Aufmerksamkeit erregt, was bestimmt auch an den Berichten von Umweltorganisationen liegt, die Wintererdbeeren auf Pestizide getestet und die haarsträubenden Ergebnisse einer schockierten Öffentlichkeit präsentiert haben. Soll etwas zu einer Zeit, in der alles außer den nötigen Wachstumsbedingungen herrscht, angebaut werden, kommt man um den Einsatz großer Mengen Schädlingsbekämpfungsmittel, Kunstdünger, Trinkwasser sowie Energie für Heizung bzw. Treibhäuser nicht herum. Der ökologische Schaden wird also schnell offensichtlich. Und wenn man die Aufzucht in Länder mit den richtigen Bedingungen verlegt, sind diese weit weg. Trauben aus Indien oder Chile, Erdbeeren aus Südafrika – da diese Lebensmittel leicht verderblich sind, werden sie mit großem Aufwand schnellstens um den Globus geflogen, um bei uns in den Läden zu landen. Abgesehen von dem CO_2-Ausstoß ist eine weitere Sache problematisch: Wie sieht es mit den Anbaubedingungen in den Ursprungsländern aus? Pestizideinsatz? Menschenunwürdige Arbeitsbedingungen? Bei genauerem Hinsehen werden sich sicher keine optimalen Bedingungen finden lassen.

Wem die eigene Gesundheit und die Umwelt ein bisschen am Herzen liegen, der kauft Obst und Gemüse also lieber dann, wenn sie in unseren Breiten Saison haben. Das schmeckt meistens besser, denn nur die Erdbeeren vom Pflückfeld nebenan haben den richtigen Reifegrad. Und wer Tomaten sonnenwarm vom Strauch gegessen hat, wird die blassen Winter-Exemplare aus Spaniens Treibhäusern mit Sicherheit nicht mehr kaufen. Klar sehne ich mich spätestens im Februar nach Kirschen, Heidelbeeren oder Trauben. Aber ich versuche, mich dann mit selbst eingekochten Pfirsichen, Heidelbeerkompott oder tiefgefrorenen Himbeeren zu begnügen. Man kann die Saison nämlich durchaus verlängern – indem man Ware fachgerecht einlagert, einfriert oder einkocht. Das haben Generationen vor uns bereits getan, denn vor dem globalen Handel mit Obst und Gemüse sah es im Winter düster aus in den Regalen. Meistens hatte man eine Landwirtschaft oder einen Schrebergarten und zur Saison mehr Obst als man essen konnte. Haltbar gemacht versorgten diese Sommerschätze dann die Familien über den Winter hinaus.

Bei meinen saisonalen Rezepten gehe ich auf Standardgemüse und -obst ein, das jeder kennt und das man auch wirklich überall kaufen kann, egal ob Bio oder in konventioneller Landwirtschaft angebaut. Oft soll es ja auch schnell gehen – und das schließt einen unkomplizierten Einkauf der Zutaten mit ein.

Ein paar Worte zum Thema Einkochen

Letztes Jahr wurde unsere Familie vom Einkochfieber gepackt. Wie … retro? Altmodisch? Fakt ist: Selbst eingekochtes Obst und Gemüse ist im Winter fantastisch. Es riecht und schmeckt nach Sommer. Man hat den Zuckeranteil in der Hand, nichts schmeckt nach Wellblech. Und Weck-Gläser sind irgendwie schick. Nach einer großen Bestellung bei eben dieser Firma hatten wir bereits im Vorjahr Birnenkompott, Pfirsiche, Apfelmus, Bohnen sowie Pflaumen eingekocht. Und eine Menge Erfahrungen gemacht, die ich hier gerne teilen möchte.

Worauf muss ich achten?

Bevor man loslegen kann, muss man erst einmal die Einmachgläser auskochen, damit sie steril sind. Damit die Gläser nicht platzen, wenn sie mit dem heißen Topfboden in Berührung kommen, haben wir uns ein Gitter aus Lochstahl gebastelt, das in unseren größten Topf passt. Wer kein Lochgitter hat, kann alternativ eine Handvoll Teelöffel in den Topf werfen und die Gläser darauf platzieren. Gläser rein stellen, Wasser bis unter den Rand gießen, aufkochen, dann auskühlen. Wenn die Gläser frisch aus der Spülma-schine sind, reicht es meist, sie mit kochendem Wasser auszuspülen. Dabei die naturgemäße Vorsicht im Umgang mit heißen Flüssigkeiten walten lassen. Alternativ zu den Weck-Gläsern kann man zum Einkochen alte Gurkengläser nehmen. Allerdings sollte man das im Schnitt nur eine Saison lang tun, weil der Gummi in den Metalldeckeln maximal eine Einkoch-Session überlebt. Wer Einkochen also erstmal ausprobieren möchte, kommt damit aus. Oder bei Oma, Mama, Tante, Nachbarin fragen, ob diese Einweckgläser abzugeben haben. Wir haben unsere teils auf Ebay, teils bei Weck direkt bestellt. Die dazuge-

hörigen Ringe und Klammern gibt es in gut sortieren Haushaltswarenläden.

Generell gilt: Nach dem Einfüllen des Einkochguts Gummiring auf den Glasdeckel legen und Glas verschließen. Mit zwei Klammern fixieren. Die Gläser auf den Abstandshalter im Topf stellen und den Topf mit Wasser füllen. Den Einmachgläsern muss das Wasser quasi bis zum Hals, also bis kurz unter dem Rand, stehen. Platte anmachen, falls es noch passt, den Deckel auf den Topf und sobald das Wasser kocht, den Timer auf 20 Minuten stellen. Sind diese um, Topf vom Herd nehmen und Gläser nach kurzem Abkühlen (VORSICHTIG! MIT ENTSPRECHENDEM SCHUTZ GEGEN VERBRENNUNGEN UND VERBRÜHUNGEN!) entnehmen, weitere Gläser rein und Vorgang wiederholen, bis alle Gläser eingekocht sind.

Im Ofen einkochen – schlechte Idee?

Nachdem wir einmal wirklich viele Gläser hatten, wollten wir platzsparend im Ofen einkochen. Die Anleitung sagt, man solle das Einkochgut bei 160 °C – wenn es in den Gläsern anfängt zu perlen – ca. 20 Minuten einkochen. So weit, so gut. Zum Schutz der Gummiringe hatten wir ferner noch ein Glas Wasser in den Ofen gestellt – das hält die Luftfeuchtigkeit hoch und das Kautschuk geschmeidig. Hätten wir gewusst, dass außerdem ca. 1 Liter Pflaumen-Zucker-Sud aus den Gläsern ins Blech blubbert, hätten wir uns das vermutlich sparen können.

Und: Nur nicht faul sein. Nach den 20 Minuten beherzt und behandschuht die Gläser aus dem heißen Ofen nehmen und draußen abkühlen lassen. Meine laxe »Mei, das lassen wir jetzt im Ofen abkühlen, gehen erstmal spazieren und Kaffee trinken und überhaupt«-Einstellung führte nämlich dazu, dass die Pflaumen völlig verkocht waren. Vom Putzaufwand ob des eingetrockneten Saftklebers ganz zu schweigen.

Verarbeiten – am nächsten Tag?

Wir hatten samstags (Markttag) viel vor, meine Schwester war zu Gast, Flohmärkte wollten besucht, Kinder bespaßt werden. Demnach verschoben wir das Einkochen auf Sonntag. Darüber freuten sich dann vor allem die Fruchtfliegen, die in emsigen Scharen über meine Küche herfielen. Daher: Einkochgut immer am Tag des Einkaufs verarbeiten, vor allem bei empfindlicheren Obstsorten wie Pflaumen.

Wie viel Zucker noch mal?

Letztes Jahr hatten wir ein ganz ausgewogenes Verhältnis von Zucker zu Obst gefunden. Nur wie war das noch mal? Bei Pfirsichen 2 EL auf ein Halbliterglas oder war das bei den Pflaumen? Tipp: Eine Art »Laborbuch« für die Küche führen und erfolgreich ausgeführte Rezepte aufnotieren. So kann man ganz schnell seine persönlichen Einkochrezepte kreieren und sie für die nächste Saison festhalten.

Erfolge genießen

Als dann die stattliche Menge an Tomatensauce (Rezept Seite 88), eingekochten Pfirsichen und Pflaumen auf dem Tisch stand, überkam mich handwerklicher Stolz – alles selbst gemacht! Rauf auf den Dachboden, Bestandsliste angelegt – nun kann der Herbst kommen. Ach so? Der ist schon da? Na, dann mach ich mir jetzt mal ein Glas Pfirsiche auf …

Von Experten lernen

Menschen mit Aspirationen zu Einkochking oder -queen kaufen sich zum Starten am Besten ein gutes Einkochbuch. Zum Beispiel stellt Waltraud Angele in »Einmachen. Süß und pikant« (BLV Verlag) viele unkomplizierte und appetitanregende Einkochrezepte, gepaart mit praktischen Tipps, vor.

Frühlings- und
Sommerküche

Rhabarber

Ist Rhabarber überhaupt Obst? Eigentlich nicht. Rhabarber ist ein »Stielgemüse« aus der Familie der Knöterichgewächse. So viel zu den Fakten. Und Achtung: Die Blätter sind giftig! Verzehrt werden daher nur die Stängel, als Kompott, Marmelade oder im Kuchen. Gesund ist Rhabarber wegen dem darmfreundlichen Pektin. Saison hat er von Anfang Mai bis Ende Juni. Die im Rhabarber enthaltene Oxalsäure greift Metall an – daher Rhabarberkompott nur in Glas oder Porzellan aufbewahren und nach dem Kochen schnell aus dem Topf nehmen.

Rhabarber einkochen

Da es Rhabarber nur relativ kurze Zeit gibt, er dann aber extrem günstig ist, lohnt es sich, ein paar Gläser davon einzukochen. Wenn man im Winter dann die Nase voll hat von Zitrusfrüchten und Lageräpfeln gibt es nichts Besseres als ein Glas Rhabarberkompott mit Eis.

Zutaten
- 3 Teile Rhabarber
- ½ Teil Zucker
- 1 Teil Wasser
- 1 Prise Vanillezucker pro Glas

In die sterilisierten Gläser den geschälten und in 2 cm große Stück geschnittenen Rhabarber einschichten. Mit Zucker bestreuen und ein wenig Wasser drübergeben sowie ein klein wenig Vanillezucker für den Geschmack. Gläser gut verschließen und in den größten Topf auf den Abstandshalter stellen. Mit Wasser bis knapp unter den Rand bedecken, Herdplatte anmachen. Sobald das Wasser kocht, sollten die Gläser ca. 20 Minuten einkochen. Dabei gart der Rhabarber gleich mit. Alternativ bei 160 °C im Ofen einkochen. Sobald die Flüssigkeit in den Gläsern anfängt zu perlen, noch 20 Minuten im Ofen lassen.

Der eingekochte Rhabarber hält sich bis zu einem Jahr. Das Glas sollte beim Öffnen ploppen bzw. beim Herausziehen des Einweckgummis Luft ansaugen.

Rhabarberkompott

Die einfachste Zubereitung von Rhabarber ist Kompott. Dafür den Rhabarber schälen, in kleine Stücke schneiden und mit wenig Zucker in einem Topf 10 bis 15 Minuten weich kochen. Schmeckt hervorragend mit Vanilleeis oder Joghurt.

Radieschen

Meine schönste Erinnerung an die Kindergarten-
zeit ist das alljährliche Osterfrühstück, bei dem es
neben Schnittlauch und Kresse auch Radieschen
auf die Stulle gab. Radieschen sind Frühlingsbo-
ten, denn erste Sorten können bereits im März im
Freiland ausgesät und im April geerntet werden.
Auch auf Wochenmärkten und im Supermarkt
kann man dann frische Exemplare bekommen.
Von Ware mit welkem Grün unbedingt die Finger
lassen! Das rote Knöllchen ist richtig gesund:
Radieschen sind reich an Vitamin C, Eisen, Calcium und Magnesium. Und durch ihre milde
Schärfe sind sie auch ein prima Muntermacher.

Deftiges Frühlingsfrühstück

Zutaten für 4 Personen

- 12 Scheiben Bauernbrot
- Butter
- 1 Kästchen Kresse
- Salz
- Magerquark
- 1 Bund Schnittlauch,
  in feine Röllchen geschnitten
- 2 Bund Radieschen
- 4 Brezen
- 1 Obatzter (bayerische Käsecreme)

Alle Bauernbrotscheiben mit Butter bestreichen. Zwei
Hand voll Kresse abschneiden und auf vier der zwölf
Scheiben großzügig verteilen. Leicht salzen, Scheiben
halbieren und auf einem großen Brett anrichten.
Weitere vier Scheiben mit Quark bestreichen, mit
Schnittlauch bestreuen, halbieren und zu den Kres-
sebroten legen. Für die letzten 4 Brotscheiben 8 bis
10 Radieschen waschen, putzen und in feine Schei-
ben schneiden. Brote damit belegen, leicht salzen
und halbieren. Auf das Brett legen. Die restlichen
Radieschen putzen und in einer Schüssel auf den
Tisch stellen. Brezen und Obatzten dazu reichen.
Den Tisch mit Osterglocken dekorieren. An Guadn!

Obatzter

Ursprünglich diente der Obatzte der Verwertung von
alten Käseresten, insbesondere von Camembert und
anderen Weichkäsen. Um ihn wieder schmackhaft zu
machen, wird der reife bis überreife Käse mit Butter
vermischt und Gewürz zugegeben, hauptsächlich
Paprika sowie häufig noch Kümmel oder Zwiebel.
Aus dieser traditionellen Variante hat sich eine Vielfalt
von Rezepten entwickelt.

Von überreifem Camembert oder Brie die Rinde
abschneiden und wegwerfen. Den Käse mit der
gleichen Menge Butter mit Hilfe einer Gabel oder
eines Knethakens vermischen. Reichlich Zwiebel
(fein gewürfelt) sowie Paprikapulver hinzugeben
und zum Schluss mit etwas Kümmel und Pfeffer
abschmecken.

Pellkartoffeln mit Radieschen-Kräuter-Quark

Zutaten für 3 Personen
- 1 kg Kartoffeln
  (alle ungefähr die gleiche Größe)
- 400 g Magerquark
- 3 EL Frischkäse
- 120 ml Milch
- ¼ Zwiebel, extra fein gehackt
- reichlich Salz
- gemischte Kräuter aus dem Tiefkühler
- ½ Bund Radieschen

Kartoffeln mit der Wurzelbürste ordentlich schrubben.
Kartoffeln aussuchen, die alle ungefähr die gleiche
Größe haben, sonst zerfallen die Kleineren, während
die Großen noch knallhart sind. In einem großen
Topf mit reichlich Wasser ca. 30 Minuten gar kochen
lassen. Währenddessen Quark, Frischkäse und Milch

in einer Schüssel mit einem Schneebesen zu einer
glatten Masse verrühren. Gehackte Zwiebeln, Salz
sowie Kräuter dazugeben und pikant abschmecken.
Radieschen putzen und fein stifteln. Gekochte Kartoffeln abschrecken, pellen und auf einem Teller mit
dem Quark anrichten. Radieschenstifte großzügig
über den Quark geben. Ein leckeres und einfaches
Mittagessen für Tage, die man lieber draußen ver-
bringt als am Herd.

Auberginen

Aus der Mittelmeerküche ist das Gemüse nicht wegzudenken und auch bei uns ist es mittlerweile Teil des Standardrepertoires. Manche behaupten, Aubergine schmecke nach nichts, aber gerade ihre zurückhaltende Note macht sie so vielseitig verwendbar – ein prima Gemüse, dass von Juli bis September Saison hat und dann so günstig ist, dass man für wenig Geld viele tolle Gerichte zaubern kann.

Auberginencreme

Es muss nicht immer Leberwurst sein. Manchmal ist auch ein veganer Brotaufstrich ganz lecker, vor allem wenn viele reife Auberginen locken und man schon morgens ein bisschen Sommer aufs Brot möchte. Schmeckt auch toll zum Dippen mit Fladenbrot oder als Beilage auf einer Grillparty.

Zutaten für 6 Portionen
- 1 mittelgroße Aubergine
- 3 EL Sesampaste (Tahinpaste)
- 3 EL Zitronensaft
- 2 EL Olivenöl
- Knoblauch nach Geschmack
- Salz, Pfeffer
- ½ Bund Petersilie

Backofen auf 200 °C vorheizen. Auberginen waschen, halbieren, mit einer Gabel einstechen und mit der Schnittseite nach unten auf das Blech legen. Etwa 30 Minuten backen, bis sich die Schale leicht einstechen lässt. Auberginen herausnehmen, kurz abkühlen lassen, dann das Fruchtfleisch auskratzen. Mit Sesampaste (aus dem Reformhaus, hält ewig), Zitronensaft und Olivenöl in einer Schüssel mit dem Pürierstab gut vermengen. Eine beliebige Menge Knoblauch dazu pressen und mit Salz und Pfeffer abschmecken. Ich nehme immer nur eine Zehe. Wer Knofi-Fan ist, kann es aber auch mal mit drei oder vier versuchen. Achtung! Stinkgefahr. Dagegen hilft: Petersilie fein hacken und unterrühren.

In einem Schraubglas hält sich die Paste 2 bis 3 Tage im Kühlschrank, am besten schmeckt sie aber frisch.

Vegetarische Moussaka

Zutaten für 3 bis 4 Personen
- 1½ große Auberginen oder eine Handvoll kleiner Exemplare
- 8 mittelgroße Kartoffeln

Für die fleischlose Sauce
- 1 Zwiebel
- 1 Knoblauchzehe
- 2 EL Olivenöl zum Anbraten
- 1 Dose Tomaten
- 1 Handvoll rote Linsen
- ½ Packung Feta, gewürfelt
- 1 Handvoll Rosinen oder Korinthen
- 1 Handvoll gehackte Pinienkerne, alternativ Sonnenblumenkerne
- Oregano und Petersilie, frisch
- Salz, Pfeffer

Für die Béchamelsauce alla Greco
- 3 EL Butter
- 4 EL Mehl
- 140 ml Milch
- Salz
- Pfeffer
- Muskatnuss
- ½ Packung Feta, gewürfelt

Die Auberginen in Scheiben schneiden, in einer Schüssel mit Wasser und Salz bedecken, ziehen lassen. Die Kartoffeln waschen, als Pellkartoffeln ca. 30 Minuten kochen bis sie so gut wie gar sind. Währenddessen die fleischlose Sauce zubereiten.

Dafür Zwiebeln und Knoblauch fein hacken. In einem Topf in Olivenöl goldgelb anbraten. Dann die Dose Tomaten sowie die Linsen dazugeben und ca. 15 Minuten köcheln lassen. Gegebenenfalls muss man noch etwas Wasser hinzugeben, je nachdem wie viel Flüssigkeit die Linsen aufsaugen. Hitze reduzieren bzw. Platte ausschalten und die restlichen Zutaten unterrühren. Mit Salz und Pfeffer pikant abschmecken, beiseitestellen und ziehen lassen.

In einer Pfanne reichlich Öl erhitzen, Auberginen abgießen und je nach Pfannengröße in einem oder zwei Durchgängen von beiden Seiten anbraten, bis sie gar sind. Gebratene Scheiben in eine mit Küchenpapier ausgekleidete Schüssel legen, um überschüssiges Fett aufzusaugen. Kartoffeln zwischenzeitlich abgießen. Wenn die Auberginen fertig angebraten sind, Kartoffeln pellen und in Scheiben schneiden. Ofen auf 150 °C vorheizen, Auflaufform bereitstellen.

In einem Topf Butter schmelzen, Mehl einrühren und anschwitzen. Milch vorsichtig zugießen und rühren, rühren, rühren, damit keine Klümpchen entstehen. Zum Schluss den zerbröselten Feta daruntermischen, gut durchrühren bis eine glatte Masse entsteht und beiseite stellen.

Eine Schicht Kartoffeln in die Auflaufform legen, dann eine Schicht Auberginenscheiben. Darauf kommt die fleischlose Sauce. Dann wieder eine Schicht Kartoffeln, gefolgt von den restlichen Auberginen. Als Krönung kommt die Béchamelsauce oben drauf. Alles schön mit der cremigen Béchamelsauce bedecken, damit im Ofen nichts austrocknet. Bei 150 °C Grad backen, bis die obere Schicht goldgelb schimmert. Am besten ca. 35 Minuten, variiert natürlich je nach Ofen.

Man kann in diesem Auflauf auch gut Reste von gekochten Kartoffeln verstecken.

Couscous-Salat mit gebratenen Auberginenscheiben

Ein feiner Sommersalat, in dem sich allerhand Gemüsereste unterbringen lassen. Wenn man für ein anderes Gericht Couscous kocht, lohnt es sich, ein wenig mehr zu kochen und mit den Resten am nächsten Tag diesen Salat zu machen. Als leichtes Mittagessen fürs Büro oder fürs Abendessen auf der Terrasse.

Zutaten für 3 Personen als Beilagensalat
- 1 mittelgroße Aubergine oder 5 kleine Exemplare
- 1 rote Zwiebel
- 1 Paprika, fein gewürfelt
- 300 g gekochter Couscous (ungekocht: ca. 200 g)
- 1 bis 2 Tomaten, gewürfelt
- ½ bis 1 Gurke, gewürfelt
- Etwas frische Minze, gehackt
- Reichlich frische Petersilie, gehackt
- Saft von einer kleinen Bio-Zitrone
- Salz, Pfeffer

Aubergine in feine Scheiben schneiden und 10 bis 15 Minuten in Salzwasser einlegen. Währenddessen kann man in Ruhe alle anderen Zutaten klein schneiden. Dann die Aubergine abgießen und von beiden Seiten in reichlich Olivenöl anbraten, bis sie gar ist. Da die Auberginen sehr fettig werden, braucht man für die Salatsauce kein Öl mehr.

Die noch warmen Auberginen mit Zwiebeln und Paprika zum gekochten Couscous geben. Gut durchrühren. Dann Tomate, Gurke und Kräuter dazu mischen. Sind Gurke und Tomate extrem reif, Kerne entfernen. Mit Zitronensaft, Salz sowie Pfeffer abschmecken und eine Stunde ziehen lassen. Vor dem Servieren noch mal gut durchrühren.

Ratatouille

Sommer, Sonne, Saisongemüse – Ratatouille ist der Sommereintopf schlechthin. Es gibt Leute, die mögen ihn, es gibt Leute die hassen ihn. Ich liebe ihn.

Zutaten für 10 bis 12 Personen
- 700 g Auberginen
- 1 kg rote Paprika
- 1,5 kg Zucchini
- 100 g Zwiebeln
- 10 Knoblauchzehen
- 1 Handvoll frisches Basilikum
- 1 Zweig Rosmarin
- 1 Zweig Thymian
- 2 kg Tomaten, extra reif
- Olivenöl
- Meersalz, frisch gemahlener Pfeffer

Auberginen würfeln und in Salzwasser einlegen. Paprika in 2 cm lange, schmale Streifen schneiden. Zucchini halbieren und in dünne Scheiben schneiden. Wichtig! Damit man sich nicht einen ganzen Topf Gemüse verdirbt, sollte man die Zucchini vorher in rohem Zustand probieren. Es gibt nämlich gelegentlich Exemplare, die bitter schmecken – diese unbedingt aussortieren. Tendenziell sind kleinere Zucchini weniger gefährdet, daher kaufe ich selten Riesengemüse. Zwiebeln, Knoblauch und Kräuter fein hacken. Wer keine frischen Kräuter hat, kann zumindest den Rosmarin und den Thymian durch je 1 TL getrocknete Kräuter ersetzen. Frisches Basilikum sollte im Sommer aber in jedem Supermarkt zu haben sein. Tomaten waschen und in kleine Würfel schneiden. Viele Rezepte sehen vor, dass die Tomaten für den Eintopf gehäutet werden. Das mache ich in der Regel nicht – weil ich zu faul bin, weil man die Haut sowieso nicht merkt, wenn die Würfel nur klein genug sind und es so noch tomatiger schmeckt. Im allergrößten Topf (5 Liter) 4 EL Olivenöl erhitzen, Zwiebeln, Knoblauch sowie Kräuter darin andünsten. Dann die Zucchini und Paprika dazu. Unter Rühren anbraten. Die Zucchini geben relativ schnell Wasser ab, daher keine Panik, dass es anbrennen könnte. Auf keinen Fall extra Wasser dazu geben! Lieber die Platte runterschalten, den Topf kurz vom Herd nehmen und rühren, rühren, rühren. Nun die Auberginen abgießen und zum Gemüse in den Topf geben. Wieder rühren, rühren, rühren. Ratatouille kommt nicht umsonst vom französischen Wort touiller, das heißt umrühren! Nun gibt man nach und nach die Tomaten dazu. Was zuerst wie ein aussichtsloses Unterfangen anmutet (der Topf ist viel zu klein!), gelingt alsbald, da das Gemüse anfängt, in sich zusammenzufallen. Ist alles Gemüse untergebracht, das Ratatouille noch mit Salz und Pfeffer abschmecken und auf kleiner Flamme ungefähr 25 Minuten köcheln lassen. Zerkochen sollte man es nicht. Wer den Großteil des Ratatouille einkochen möchte (siehe Tipp), kocht es am Besten nur 15 Minuten – es gart beim Einkochprozess noch mal nach. Alle anderen rufen nun die französische Großfamilie zu Tisch, teilen Baguette und Teller aus und stellen den großen Topf in die Mitte. Bon Appétit!

Tipp: Hervorragend zum Einkochen

Wir kochen jeden Sommer in großem Stil Ratatouille ein und ich kann nur sagen: Wer im Dezember bei Sturm und Schnee ein Glas davon aufmacht, es wahlweise mit Nudeln, Kartoffeln, Reis oder einfach so zu Brot genießt, der hat den Sommer auf dem Tisch. Das Ratatouille sollte ca. 20 Minuten eingekocht werden und hält sich dann 1 Jahr. Wichtig: nach dem Einkochen immer prüfen, ob auch alle Gläser dicht sind. Dazu das Glas am Deckel anheben. Hält der Deckel, ist alles okay. Hält er nicht, gibt es eventuell eine Schweinerei. Und Ratatouille zum Abendbrot.

Gurken und Zucchini

Die beiden dürfen in eine Rubrik, weil sie sich so ähnlich sind. Langes, krummes und grünes Sommergemüse. In jedem Supermarkt und Discounter immer zu haben. In ihrer Saison äußerst preisgünstig und lecker. Die Zucchini ist quasi die Kochvariante der Gurke, allerdings kann man auch Gurken kochen und Zucchini roh essen. Beide werden schnell bitter, daher möglichst frisch verarbeiten und nicht zu lange lagern.

Zucchini-Frittata aus dem Ofen

Zutaten für 4 Personen und eine Pie-Form
(Durchmesser ca. 24 cm)

- 2 kleine Zucchini, gelb und grün
- ½ Zwiebel gewürfelt
- 5 Eier, Bio
- 250 ml Milch
- Salz, Pfeffer, Olivenöl
- Frische Petersilie, fein gehackt
- 1 Handvoll geriebener Parmesan

Ofen auf 180 °C vorheizen. Zucchini waschen, Blüten- und Stielende entfernen und in feine Scheiben schneiden.

In einer kleinen Pfanne 2 EL Olivenöl erhitzen und Zwiebeln glasig dünsten. Zucchini dazugeben und ca. 10 Minuten mitdünsten. Zucchini und Zwiebeln in die Auflaufform geben.

In einer Schüssel Eier mit Milch, Salz, Pfeffer und Petersilie gründlich miteinander vermengen und Masse über die Zucchini geben. Mit dem Parmesan bestreuen und im Ofen ca. 15 Minuten fertig backen, bis alles goldbraun ist.

Dazu schmecken Pellkartoffeln und ein frischer Sommersalat. Die Frittata macht sich aber zusammen mit frischem Bauernbrot auch gut als Bestandteil eines sommerlichen Brunchs.

Gefüllte Zucchini

Eine super Verwendungsmöglichkeit für Brotreste!

Für 4 größere Zucchini
- altes Brot und Brötchen, ca. 1 Hand voll
- 2 EL Olivenöl
- 1 Zwiebel, fein gehackt
- 1 Knoblauchzehe, fein gehackt
- 1 Dose Tomaten
- 1 EL Butter
- 250 g Rinderhackfleisch
- 1 EL frische Petersilie (alternativ TK)
- 2 EL geriebener Parmesan
- Salz, Pfeffer

Brot sehr klein schneiden, mit kaltem Wasser bedecken und ziehen lassen. Parallel die Zucchini vorgaren: 5 Minuten bei 600 Watt in der Mikrowelle oder in kochendem Wasser. Abkühlen lassen.

Olivenöl in einer Pfanne (groß genug für 8 Zucchinihälften) erhitzen. Zwiebeln und Knoblauch goldgelb andünsten, Tomaten dazugeben und bei kleiner Hitze zu einer geschmeidigen Sauce einkochen lassen. Währenddessen die Zucchini halbieren, mit einem Teelöffel aushöhlen, Fruchtfleisch kleinschneiden und in einer großen Schüssel beiseite stellen. In einer anderen Pfanne Butter erhitzen und Rinderhack krümelig anbraten. Brotstücke gut ausdrücken und zum Fruchtfleisch geben. Hackfleisch, gehackte Petersilie und Parmesan dazu, gut mischen, mit Salz und Pfeffer abschmecken.

Zucchini mit der Mischung füllen und in die Sauce setzen. Bei zu viel Füllung nach anderem befüllbaren Gemüse schauen. Deckel drauf und bei mittlerer Hitze ca. 30 Minuten garen. Die Zucchini sind gar, wenn ihr Fruchtfleisch glasig ist. Dazu schmeckt Kartoffelpüree, Salat oder Baguette.

Schwedischer Kartoffelsalat mit Gurken

Kartoffelsalatrezepte gibt es wie Sand am Meer. Jede Version hat etwas für sich und bei der folgenden ist es das: Sie ist einfach aus Grundzutaten herzustellen, herrlich frisch ohne Salatcreme oder Mayonnaise. Ich nenne diesen Salat »schwedisch«, weil ich ihn so ähnlich mal auf den Schären gegessen habe. Lecker für jedes Grillfest, aber auch zu gebratenem Fisch.

Zutaten für 4 Personen
- 1 kg Kartoffeln
- 2 Salatgurken
- 3 EL Essig (farblos!)
- 4 EL neutrales Öl
- Salz, Pfeffer
- frische Kräuter (Dill, Petersilie oder 7-Kräuter tiefgekühlt)

Kartoffeln ca. 25 bis 35 Minuten als Pellkartoffeln kochen. Darauf achten, dass sie ungefähr gleich groß sind, damit alle gleich gar sind. Garprobe: mit einer Gabel einstechen. Gleitet die Kartoffel locker von der Gabel, ist sie gar. In der Zwischenzeit Gurken schälen, halbieren, eventuell entkernen (bei Landgurken mit großen Kernen besonders empfohlen!) und in dünne Scheiben in eine extra Schüssel reiben.

Aus Essig, Öl, Salz, Pfeffer sowie Kräutern eine Vinaigrette herstellen und in eine große Salatschüssel, in die später der Salat soll, geben. Gare Kartoffeln abgießen, kurz abschrecken und etwas abkühlen lassen. Pellen und in ca. 1 x 1 cm große Würfel schneiden. Noch warme Kartoffeln in die Salatsauce geben und alles gut durchrühren. 10 Minuten ruhen lassen, dann vorsichtig die Gurkenscheiben unterheben. Nun nicht mehr zu viel rühren, da sonst Matschgefahr besteht.

Tomaten

Tomaten sind eigentlich nur im Sommer wirklich gut. Nichts desto trotz gibt es auch bei tiefsten Temperaturen Strauchtomaten zu kaufen. Wer sich aber mit den Produktionsbedingungen dieser Wintertomaten auseinandersetzt, dem dürfte gründlich der Appetit vergehen: Pestizideinsatz hoch zehn, Raubbau an den Wasserreserven einer der trockensten Gegenden Spaniens und die Ausbeutung illegaler Erntearbeiter – keine gute Werbung für Gemüse, das dann auch noch fade schmeckt. Wer im Winter also unbedingt etwas Tomatiges essen möchte, dem bleiben noch die Dosenexemplare, die zur Erntezeit zubereitet werden und hundert mal besser schmecken.

Sugo alla Violetta

Nach unzähligen Gläsern Fertignudelsauce hatte ich mein Erweckungserlebnis: Tomatensugo alla Violetta. Ein altes Familienrezept aus Italien, dank dessen ich endgültig Abschied von Mirácoli und Co. genommen habe.

Die Zutaten (für ca. 2,5 Liter)
- 3,8 kg Tomaten, reif und saftig
- 3 EL Olivenöl
- 5 Knoblauchzehen, zerhackt
- mehrere Zweige Oregano
- Meersalz, Pfeffer

Tomaten waschen und halbieren bzw. vierteln. Nicht häuten! Olivenöl im größtmöglichen Topf erhitzen. Knoblauch darin anschwitzen, nach einer Weile Oregano und Tomaten dazugeben. Wenn sich unten im Topf die erste Sauce gebildet hat, Platte herunterschalten, Deckel auf den Topf und Tomaten bei klei-

ner bis mittlerer Hitze zerkochen. Das Ganze muss mindestens drei Stunden einkochen! Gelegentlich umrühren, damit nichts anbrennt.

Sugo nach drei Stunden mit Salz und Pfeffer abschmecken, etwas abkühlen lassen und durch ein Sieb in einen anderen großen Topf streichen. Kurz aufkochen und in heiß ausgespülte Einweck- oder Gurkengläser geben. Diese ca. 15 Minuten im Wasserbad einkochen (siehe Seite 77).

Natürlich kann man die Sauce auch sofort genießen! Schmeckt super zu Spaghetti oder Rigatoni.

Tipp:
Wer es gerne scharf mag, kann aus dieser Sauce mit ein bis zwei Chilis auch eine feine Arrabiata machen. Die Chilis gleich zu Beginn des Kochvorgangs hinzugeben. Buon Appetito!

Einfacher Tomatensalat
Zutaten für 4 Personen

- 500 g reife, aber nicht matschige Tomaten
- 3 EL Olivenöl
- 1 EL Balsamicoessig
- Salz, Pfeffer
- 1 Handvoll frisches Basilikum

Tomaten waschen, Stielansatz vorsichtig entfernen. Dann quer zur Wuchsrichtung in Scheiben schneiden. Diese in eine Auflaufform schichten. Aus Olivenöl, Balsamico, Salz und Pfeffer eine glatte Sauce rühren und über die Tomaten geben. Basilikum vorsichtig waschen, über die Tomaten streuen und alles eine halbe Stunde ziehen lassen. Wer mag, kann extra feine Zwiebelringe dazu servieren.

Tomaten-Kichererbsen-Salat

Zutaten für 4 Personen
- 2 Dosen Kichererbsen
- 1 rote oder weiße Zwiebel
- 2 Knoblauchzehen
- 2 Hand voll frische Petersilie (hier geht wirklich nur frische!)
- 3 große, reife Tomaten
- 3 EL Olivenöl
- 1 EL Essig
- 1 EL Zitronensaft
- Salz
- frisch gemahlener Pfeffer

Kichererbsen abgießen und in eine Salatschüssel geben. Zwiebeln, Knoblauch und Petersilie fein hacken. Dann die Tomaten entkernen, fein würfeln und zusammen mit den anderen Zutaten zu den Kichererbsen geben. Umrühren. Wichtig: Vor Verzehr sollte der Salat mindestens eine Stunde ziehen,

damit die Kichererbsen den Geschmack der Salatsauce gut annehmen können.

Dazu passen Baguette oder Bauernbrot. Eignet sich gut als Salat zu einer Grillfeier, als Snack für das Mittagessen im Büro oder ein leichtes, vegetarisches Sommerabendessen.

Pflaumen

Das meiste Sommerobst (Kirschen! Beeren!) isst man am besten von der Hand in den Mund, freut sich an der Tatsache, dass es Sommer ist und versucht gar nicht erst, den Geschmack in den Winter herüberzuretten. Anders verhält sich das mit Pflaumen bzw. Zwetschgen, die es im Sommer in derart großer Menge gibt, dass man sie nicht alle auf einmal essen kann. Und sie eignen sich hervorragend zum Einkochen (Tipps ab Seite 75). Wer eine große Truhe hat, kann sie übrigens auch gut einfrieren.

Muffins mit frischen oder eingekochten Pflaumen

Ein Rezept von meiner Mama. Meine Eltern haben einen sehr produktiven Pflaumenbaum im Garten, demnach ist meine Mutter im Sommer mit frischen, im Winter mit eingekochten und eingefrorenen Pflaumen bestens versorgt.

Für 4 Personen
- 1 Glas eingekochte Pflaumen oder 1 Hand voll frische Ware
- 2 Eier
- 100 g Zucker
- 2 EL Vanillezucker
- 100 g Pflanzencreme (oder Margarine)
- 200 g Mehl
- 2 TL Backpulver
- 100 g gemahlene Mandeln
- 3 EL Joghurt oder saure Sahne
Streusel:
- 100 g Mehl
- 100 g Margarine oder weiche Butter
- 100 g Zucker
- 2 Hand voll Instant- oder normale Haferflocken

Eingekochte Pflaumen in einem Sieb gut abtropfen lassen. Saft dabei in einem geeigneten Gefäß auffangen. Frische Pflaumen waschen, entsteinen und halbieren.

Eier, Zucker, Vanillezucker sowie Pflanzencreme in eine Schüssel geben und mit dem Handrührgerät schön schaumig rühren. Dann Mehl, Backpulver, Mandeln sowie Joghurt dazugeben. Alles gut unterrühren. Teig in vorbereitete Muffin-Förmchen verteilen, mit je zwei Pflaumen belegen. Ofen auf 175 °C vorheizen.

Nun noch schnell die Streusel fertigen: Dazu das Mehl mit der Margarine und dem Zucker sowie den Haferflocken mit der Hand zu einer krümeligen Masse verarbeiten und großzügig über die Muffins geben. Diese für ca. 35 Minuten im Ofen fertig backen und abkühlen lassen.

Zwetschgendatschi mit Quark-Öl-Teig

Ein klassischer Sommerkuchen, der hausgemacht so viel besser schmeckt als vom Selbstbedienungsbäcker. Der Quark-Öl-Teig ist fix und einfach hergestellt, und wer günstig große Menge Pflaumen auf dem Markt erstehen kann, backt zwei Bleche, lädt ein paar Freunde zum Sonntagskaffee ein oder friert die Reste ein. Zum Auftauen am Morgen aus dem Gefrierfach nehmen und ohne Verpackung bei Zimmertemperatur auftauen lassen.

Für 1 Blech und 1,5 Kilo Zwetschgen
- 150 g Magerquark
- 70 g Zucker
- 2 EL Vanillezucker (1 Päckchen)
- 6 EL neutrales Öl
- 1 Ei
- 6 EL Milch
- 300 g Mehl
- ½ Packung Backpulver
- Zimt & Zucker

Alle Zutaten mit dem Knethaken des Handrührgerätes zu einer hefeteigartigen Masse verarbeiten. Ofen auf 190 °C vorheizen, ein Backblech einfetten und mit Mehl bestäuben, darauf den Teig ausrollen. Mit Zwetschgen bis dicht an den Rand belegen.

Im Ofen 30 bis 40 Minuten backen, die ersten 15 bis 20 Minuten auf der untersten Schiene, die zweite Hälfte der Backzeit auf der mittleren Schiene. Direkt nach dem Backen mit Zimt & Zucker bestreuen, sodass der Zucker noch ein bisschen karamellisiert. Möglichst frisch servieren und essen.

Tipp:

Allzu reife Pflaumen lieber roh naschen. Je reifer die Früchte, desto mehr Feuchtigkeit geben sie ab und die Gefahr, einen Matschkuchen zu bekommen, wird groß. Unreife, grüne Früchte haben auf dem Kuchen aber ebenfalls nichts zu suchen.

Herbst- und
Winterküche

Kartoffeln

Ebenso wie die Tomate verdanken wir die Kartoffel den Entdeckern der Neuen Welt. Nicht auszudenken, wie die europäische Küche ohne die stärkehaltige, nahrhafte Knolle heute aussähe. Die Kartoffel ist extrem vielseitig, daher hier nur ein Klassikerrezept sowie eine etwas ungewöhnliche Verwendungsart für Kartoffelpüree. Ansonsten schmecken Kartoffeln natürlich auch einfach so als Pellkartoffeln, halbiert und gebacken aus dem Ofen, als Bratkartoffeln, Salzkartoffeln, Pommes oder Schupfnudeln. Erntezeit für Kartoffeln ist der Spätsommer bzw. Herbst.

Schnelle Kartoffelsuppe

Wenn es draußen ungemütlich wird und die ersten Herbststürme übers Land ziehen, beginnt für mich die Suppenzeit. Kartoffelsuppe ist dabei eine der einfachsten und zugleich nahrhaftesten Suppen, die es gibt (auch für die Seele!). Mit Würstchen für Kinder und Carnivoren, ohne für Vegetarier und Veganer, wärmt die Suppe nach einem lange Spaziergang Herz und Magen.

Für einen großen Topf
- 2 kg Kartoffeln
- 5 Karotten
- ½ bis 1 Stange Lauch
- 1 bis 2 Hand voll gewürfelter Knollensellerie
- Gemüse- oder Rinderbrühe
- 4 bis 6 Wienerle, nach Geschmack
- 1 EL Majoran

Die Mengen können variieren, auch kann man in der Suppe Reste von schlappem Gemüse unterbringen. Wichtig: nicht zu viel Lauch, da dieser schnell eine dominante Geschmacksnote entwickelt.

Das Gemüse putzen und kleinschneiden. In einem mittelgroßen Topf geben mit Wasser bedecken. 1 bis 2 Löffel gekörnte Brühe oder 120 ml eingefrorene Rinderbrühe dazugeben. Aufkochen lassen und zugedeckt bei mittlerer Hitze ca. 30 Minuten köcheln lassen. Dann die Suppe mit dem Kartoffelstampfer grob pürieren, mit Salz und Pfeffer abschmecken. Wienerle in feine Scheiben schneiden und zur Suppe geben. 10 Minuten ziehen lassen.

Zum Schluss kommt – neben den Würstchen – das Wichtigste: Majoran. Dieses Kraut verwende ich ausschließlich für Kartoffelsuppe und es gibt ihr den entscheidenden Kick. Sofort servieren und genießen.

Sasas Veggie-Pie

Dieses Rezept ist inspiriert von der englischen Shepherds Pie sowie einem ähnlichen, vegetarischen Ableger aus einem alten Kochbuch. Meine Version ist etwas saftiger und herzhafter, sodass man das fehlende Fleisch nicht vermisst. Yummy!

Wenn man größere Mengen Kartoffelpüree übrig hat ist dieses Gericht Resteverwertung de luxe! Das Rezept ist für vier Personen.

Für das Kartoffelpüree
- 600 g Kartoffeln, am besten mehlig kochende
- 1 Schluck Milch
- 1 EL Butter
- Salz, Pfeffer, Muskatnuss
- Schmand

Für die Füllung
- ½ Zwiebel
- 1 bis 2 Knoblauchzehen
- 1 EL Olivenöl
- 3 Stangen Staudensellerie oder 1 Hand voll gewürfelter Knollensellerie
- 3 mittelgroße Möhren
- evtl. kleinere Menge Gemüsereste
- 2 Hand voll rote Linsen
- 1 TL gekörnte Brühe oder Hefebrühe
- 1 bis 2 TL Tomatenmark
- 250 g Champignons
- Salz, Pfeffer
- Oregano
- Parmesan

Kartoffeln schälen, würfeln und ca. 20 Minuten in Salzwasser kochen.

Währenddessen Zwiebel und Knoblauch fein hacken und in einer großen Pfanne mit 1 EL Olivenöl bei mittlerer Hitze sanft andünsten. Sellerie, Möhren sowie etwaige Gemüsereste putzen, klein hacken und zusammen mit Zwiebeln und Knoblauch anbraten. Mit etwas Wasser oder Weinresten ablöschen, Linsen, Brühe sowie Tomatenmark zugeben und bei mittlerer Hitze köcheln lassen, bis die Linsen fast weich sind. Pilze putzen und in hauchdünne Scheiben schneiden. Zum Gemüse geben, mit Salz, Pfeffer und Oregano würzen. Weiter köcheln lassen.

Wenn die Kartoffeln gar sind, abgießen und mit Milch, Butter, Salz, Pfeffer und Muskatnuss ein feines Püree daraus machen. Ich gebe immer ein bisschen Schmand dazu, weil das Püree damit etwas herber schmeckt, was gut zur Pie passt. Kartoffelpüree beiseite stellen und den Ofen auf 180 °C vorheizen.

Prüfen, ob das Gemüse gar ist. Sellerie und Karotten dürfen nur noch ein bisschen bissfest sein. Gares Gemüse vorsichtig (heiß!) in die Pie-Form geben. Kartoffelpüree sachte über dem Gemüse verteilen, sodass es wirklich zur Gänze bedeckt ist. Etwas Parmesan darüber reiben und für ca. 20 Minuten im Ofen überbacken.

Dazu schmeckt ein Feldsalat mit einem würzigen Essig-Öl-Dressing. Reste eignen sich hervorragend zum Aufwärmen und für die Lunchbox.

Kürbis

Der Kürbis war mal richtig modern (1980er), dann aber auch wieder so richtig out (1990er) und erlebt seit gut zehn Jahren eine Renaissance (2000er). Mittlerweile pflanzt jeder Bauer hinter seinem Kuhstall oder auf einem anderen Fleckchen Erde Kürbisse an, die dann vom Karren runter verkauft werden. Was macht den Kürbis so beliebt? Das günstige Nahrungsmittel ist vielseitig, im Anbau anspruchslos, nahrhaft, gesund, fettarm und voller Beta-Karotin, Magnesium sowie Calcium. Die Sorten reichen vom klassischen Laternen-Kürbis über den allseits beliebten Hokkaido- bis hin zu Butternuss- oder Muskatkürbis.

Kürbissuppe mit Kokos und Äpfeln

Für 4 bis 6 Portionen

- 1 Hokkaido-Kürbis, ca. 1,2 kg
- 1 Apfel, säuerlich
- 5 kleine Kartoffeln
- 3 Möhren
- 1 Zwiebel
- 2 EL neutrales Öl
- 1 Prise Curry
- 1 Liter Hühner- oder Gemüsebrühe
- 1 Dose Kokosmilch, 400 ml
- Salz, Pfeffer

Das Gute am Hokkaido: Man muss ihn nicht schälen!

Kürbis waschen und würfeln. Das ist recht beschwerlich – unbedingt auf Finger und andere Körperteile achtgeben. Apfel, Kartoffeln, Möhren sowie Zwiebel putzen und würfeln. In einem großen Topf 2 EL Öl erhitzen und Apfel, Kartoffeln, Möhren sowie Zwiebel mit einer Prise Curry anbraten. Nach 5 Minuten mit der Brühe ablöschen. Kürbis dazugeben und auf mittlerer Hitze 25 Minuten köcheln lassen. Platte ausschalten, Suppe ein wenig abkühlen lassen, danach fein pürieren. Kokosmilch dazugeben und noch mal kurz aufkochen. Vorsichtig mit Salz und Pfeffer abschmecken.

Kürbisrisotto

Für 4 Personen

- ca. 1,5 l Hühner- oder Gemüsebrühe
- 1 Hokkaido-Kürbis (etwa 1 kg)
- 2 EL Butter
- 1 Zwiebel, fein gehackt
- 1 Knoblauchzehe, fein gehackt
- 300 g Risottoreis
- Pfeffer, Salz
- frisch geriebener Parmesan

Brühe herstellen und in einem Topf auf dem Herd warmstellen. Kürbis aushöhlen und in relativ kleine Stücke schneiden. In einem großen Topf 2 EL Butter erhitzen und Zwiebel sowie Knoblauch darin andünsten. Kürbis dazugeben und ebenfalls andünsten. Reis dazugeben, 5 Minuten anschwitzen und dann mit einer Kelle Brühe ablöschen. Kurz umrühren und ca. die Hälfte der Brühe dazugeben. Platte auf kleine Flamme stellen und immer wieder umrühren. Sobald diese Menge Brühe aufgesogen ist, nur noch löffelweise Brühe dazugeben, bis die Reiskörner weich sind, aber noch ein wenig Biss haben – das dauert ca. 20 Minuten.

Risotto vom Herd nehmen und kurz ausquellen lassen. Mit Salz und Pfeffer abschmecken, zum Servieren mit ein bisschen frisch geriebenem Parmesan garnieren. Kann man einfach so essen, schmeckt aber auch als Beilage zu Kurzgebratenem.

Kürbis-Tipps

 Man kann Kürbissspalten auch wie Kartoffeln im Ofen backen oder sie gekocht und püriert für Muffins sowie Kuchen verwenden.

 Lagerung: Ein gesunder Kürbis hält sich monatelang. Er ist allerdings frostempfindlich, daher nach Oktober nicht mehr draußen lagern.

Lauch

Wichtig ist es, beim Einkauf von Lauch, auch Porree genannt, auf frische, feste, fächerartig nach oben stehende Blattspitzen zu achten, da welker Lauch schon viele wertvolle Vitamine verloren hat. Sind die Blätter, was häufig der Fall ist, angeschnitten, dürfen die Schnittstellen nicht welk aussehen. Die Wurzelhaare sollten weiß und nicht bräunlich sein. Im Gemüsefach des Kühlschranks kann Lauch etwa eine Woche aufbewahrt werden. Reste kann man, geputzt, gewaschen und klein geschnitten, in Tupperdosen für zwei Tage im Kühlschrank frisch halten.

Lachs-Lauch-Sauce zu Nudeln

Zutaten für 4 Personen
- 3 Lachsfilets (TK)
- 2 EL Zitronensaft
- 2 Stangen Lauch
- 2 EL Olivenöl
- 2 Becher Sahne
- Salz, Pfeffer, Muskatnuss
- 1 Hand voll Parmesan

Lachsfilets über Nacht im Kühlschrank auftauen lassen. Der Fisch wird dadurch zarter.

Am nächsten Tag den aufgetauten Lachs würfeln und mit etwas Zitronensaft marinieren. Wenn es extraschnell gehen muss, kann man sogar den noch gefrorenen Lachs mit einem scharfen Messer zerteilen und marinieren. Lauch putzen und in feine Halbringe schneiden. Olivenöl in einer Pfanne erhitzen, Lauch darin anschwitzen. Nach 5 Minuten mit der Sahne angießen und kurz aufkochen lassen. Mit Salz, Pfeffer sowie Muskat würzen. Fisch mit Marinade dazugeben und 5 bis 8 Minuten mitgaren lassen. Mit Parmesan abschmecken.

Wichtig ist es, guten Fisch zu kaufen. Billiger Fisch ist nämlich oft wässrig, was die Sauce dünnflüssig macht. Ist die Sauce übrigens zu dick, weil man vielleicht etwas mehr Parmesan genommen hat, kann man diese mit dem Kochwasser der Nudeln strecken.

Besonders gut passen Spinat-Tagliatelle, aber auch jede andere Sorte Bandnudeln.

Lauch-Apfel-Puffer

Für 2 bis 3 Personen
- 1 Stange Lauch
- 1 Handvoll Sonnenblumenkerne
- 1 kleine Handvoll Kürbiskerne
- 400 g Kartoffeln (festkochend)
- 1 Knoblauchzehe, fein gewürfelt
- 1 Apfel (säuerlich)
- 2 Eigelbe
- 2 EL Mehl
- 1 TL Salz, Pfeffer
- Pflanzenöl

Lauch putzen und in feine Ringe schneiden, waschen und trockentupfen. Sonnenblumen- und Kürbiskerne in einer Pfanne anrösten und dann im Mixer zerkleinern.

Kartoffeln schälen, zur Hälfte fein, zur Hälfte grob reiben. Letztere mit dem Küchentuch ausdrücken. Kartoffelraspeln mit Kernen, Lauchringen und Knoblauch vermischen. Apfel schälen, Kerngehäuse entfernen, Fruchtfleisch grob reiben und unter die Masse heben. Dazu Eigelbe, Mehl, Salz und Pfeffer – alles gut durchrühren. Puffer formen.

Großzügig Öl in zwei Pfannen erhitzen und Puffer darin von beiden Seiten knusprig braun braten. Auf Küchenpapier abtropfen lassen. Dazu schmeckt Apfelmus.

Vegetarischer Flammkuchen

Für 4 bis 6 Personen
- 2 bis 3 Stangen Lauch (je nach Größe)
- 2 Packungen fertiger Pizzateig OHNE Tomatensauce
- 2 bis 3 Packungen Schmand
- Salz, Pfeffer

Ofen auf 200 °C vorheizen. Lauch putzen, waschen, halbieren und in feine Streifen schneiden. Pizzateig ausrollen (meistens ist Backpapier schon dabei, andernfalls das Blech vorher damit belegen) und großzügig mit Schmand bestreichen. Lauchringe gleichmäßig darüber geben, ein wenig salzen und mit frisch gemahlenem Pfeffer bestreuen.

Wer es nicht vegetarisch mag, kann auch noch Speckwürfel dazu geben. Im Ofen ca. 15 bis 20 Minuten fertig backen. Unbedingt immer mal nachschauen, der Lauch darf nicht schwarz werden!

Wintersalate (Chicoree, Feldsalat, Endiviensalat)

Winter ist in Bezug auf frischen Salat eine traurige Zeit. Das Einzige, was frisch ist, ist das Wetter. Kopfsalat, Eisbergsalat (der Name täuscht, er wächst nicht in Grönland!) und Gurken sind fad, schmecken höchstens nach Kunstdünger und sind TEUER! Aber: nicht verzagen. Es gibt leckere Alternativen und davon möchte ich einige vorstellen. Weitere Rezepte auch in der Rubrik Wurzelgemüse.

Endivien-Kartoffelsalat

Für 4 Personen
- 800 g festkochende Kartoffeln
- 1 Kopf Endiviensalat
- 3 EL Öl
- 2 EL Kräuteressig
- 1 Zwiebel, fein gewürfelt
- Salz, Pfeffer

Kartoffeln waschen und mit reichlich Wasser als Pellkartoffeln 30 bis 40 Minuten (je nach Größe) kochen. Währenddessen vom Endiviensalat die äußeren Blätter entfernen, dann den Kopf vierteln und mit einem scharfen Messer in feine Streifen schneiden. Diese in einem Sieb abbrausen und in einer großen Schüssel wässern. Das entzieht dem Salat Bitterstoffe und er wird bekömmlicher. Eine Salatsauce aus Öl, Essig und den Zwiebeln anrühren und in eine große Salatschüssel geben. Die garen Kartoffeln abgießen, kalt abbrausen und pellen. Vorsichtig, heiß!

Dann die Kartoffeln in kleine Würfel schneiden und zur Salatsauce geben. Nun den Endiviensalat abgießen und gut ausdrücken, sodass kein Wasser mehr zurückbleibt, sonst wird der Salat matschig. In die Salatschüssel zu der Sauce und den Kartoffeln geben, gut durchmischen und sofort servieren.

Der Salat kann leider nicht sehr lange aufgehoben werden, da die Endivienblätter sonst braun werden. Schmeckt prima als Beilage zu Fisch, Schnitzel oder Kotelett.

Feldsalat mit Roter Bete und Honig-Senf-Vinaigrette

Für 4 Personen als Beilagensalat

- 500 g Feldsalat
- 1 mittelgroße Knolle rohe Rote Bete
- 2 TL süßer Senf
- 2 TL Honig
- 3 EL neutrales Öl
- 2 EL Balsamico oder Fruchtessig
- Salz, Pfeffer

Den Feldsalat gut und gründlich waschen. Sonst besteht – vor allem bei Freilandware – Knirschgefahr!

Dann die Wurzelstrünkchen entfernen und den Salat gut abtropfen lassen. Die Rote Bete schälen, am besten mit Handschuhen, denn die Färbekraft ist enorm. Nun die Knolle mit einem Gemüsehobel in feine Stifte hobeln.

In einer Tasse oder einem Shaker aus Senf, Honig, Öl, Essig, Salz und Pfeffer eine Vinaigrette herstellen. Gut verrühren, sodass sich der Honig auflöst. Wer keinen Honig zur Hand hat, kann stattdessen 2 TL braunen Zucker verwenden.

Den Feldsalat auf vier kleinen Tellern anrichten, rote Bete gleichmäßig darauf verteilen und mit der Vinaigrette beträufeln.

Fenchel-Apfel-Chicoree-Salat

Für 2 Personen als Hauptgericht mit Röstbrot (Seite 57) oder für 4 Personen als Beilagensalat z. B. zu Braten

- ½ bis 1 Apfel, säuerlich (z. B. Rubinette, Boskop)
- 2 Knollen Fenchel
- 2 Stauden Chicoree

Für die Vinaigrette:

- 6 getrocknete Datteln
- 4 EL Olivenöl
- Zitronensaft
- Salz
- Pfeffer
- etwas Wasser

Zuerst die Vinaigrette zubereiten. Dazu die Datteln fein würfeln, Olivenöl, Zitronensaft, einen Schluck Wasser, Salz und Pfeffer zu einer cremige Sauce rühren. Man kann das auch im Shaker machen oder, wer es ganz fein mag, pürieren.

Dann den Apfel und den Fenchel in feine Scheiben schneiden und sofort mit der Vinaigrette vermengen. So vermeidet man, dass beide braun werden.

Chicoree waschen, halbieren, Strunk entfernen, Blätter in feine Streifen schneiden. Zum Salat geben, durchmischen und sofort servieren.

Wurzelgemüse

Unter diesem archaisch anmutenden Begriff finden sich Gemüsesorten wie Knollensellerie, Karotten, Pastinaken, Petersilienwurzeln – hier verrät der Name schon, was Programm ist: Gemüse eben, das vormals seine Funktion als Wurzelwerk erfüllt hat. In alten Kochbücher wird es oft auch noch als solches benannt: »Eine Handvoll Wurzelwerk, geputzt und gewürfelt, an die Brühe geben«. Wurzelgemüse ist Herbst- und Wintergemüse, obwohl zum Beispiel Karotten – der Bestseller – ganzjährig angebaut sowie gut eingelagert werden können.

Schnelle vegetarische Lasagne

Wunderbar, um Gemüsereste unterzubringen, zum Beispiel Möhren oder Sellerie. Dieses Wurzelgemüse gibt der vegetarischen Lasagne einen kräftigen Geschmack, sodass man das Fleisch nicht vermisst. In eine Sommerversion der Lasagne passen außerdem gut Auberginen, Zucchini, Fenchel oder Pilze. Die roten Linsen liefern Proteine und sorgen für eine cremige Konsistenz. Die Zubereitung dauerte alles in allem ca. 45 Minuten.

Für 3 bis 4 Personen
Für die Füllung:
- 3 Möhren
- 2 Stangen Stangensellerie
- 1 Zwiebel
- 1 bis 2 Knoblauchzehen
- Olivenöl zum Anbraten
- 1 Hand voll gewürfelter Knollensellerie
- 5 EL rote Linsen
- 1 Dose gewürfelte Tomaten
- Salz, Pfeffer
- 100 ml Gemüsebrühe
- Rosmarin, Oregano

Für die Béchamelsauce:
- 50 g Butter
- 50 g Mehl
- 900 ml Milch
- Viel geriebene Muskatnuss
- Salz, Pfeffer

- Lasagneplatten OHNE Vorkochen
- Parmesan

Füllung sin carne

Möhren und Stangensellerie waschen und in dünne Scheiben schneiden. Zwiebel und Knoblauchzehe fein würfeln. Das Olivenöl in einer Pfanne erhitzen. Dann Zwiebel und Knoblauch bei mittlerer Hitze anschwitzen, bis sie schön glasig sind. Knollensellerie, Möhren und Stangensellerie dazugeben, unter Rühren anschwitzen. Linsen mit Tomaten in die Pfanne geben.

Mit Salz, Pfeffer, Gemüsebrühe, Rosmarin und Oregano würzen. Falls die Masse zu trocken wird, etwas Wasser zugießen und auf kleiner Flamme so lange köcheln, bis die Béchamelsauce fertig ist, jedoch mindestens, bis die Linsen weich sind.

Béchamelsauce

Sie ist das Herzstück der Lasagne. Man verwende sie reichlich, denn sie sorgt dafür, dass die Lasagneplatten schön weich garen.
In einem Topf Butter schmelzen (nicht zu heiß werden lassen!). Das Mehl darin anschwitzen, bis es goldgelb ist. Vorsichtig mit der Milch angießen und dabei rühren, rühren, rühren, damit keine Klümpchen entstehen. Topf von der Platte nehmen und weiterrühren, bis die Sauce schön cremig ist. Sie darf nicht zu dick sein – sollte das passieren, noch ein bisschen warme Milch unterrühren. Mit Muskatnuss, Salz und Pfeffer würzen. Reste von geriebenem Käse, die verbraucht werden müssen, kann man zum Schluss dazugegeben.

Ofen auf 200 °C vorheizen und mit dem Schichten in eine Auflaufform beginnen.
1. Schicht: Béchamelsauce
2. Schicht: je nach Auflaufformgröße 2 bis 3 Lasagneplatten
3. Schicht: Béchamelsauce
4. Schicht: Fleischlose Füllung

5. Schicht: etwas geriebener Parmesan
6. Schicht: 2 bis 3 Lasagneplatten
7. Schicht: Béchamelsauce
usw. bis alles aufgebraucht ist. Mit einer Schicht aus Béchamelsauce aufhören und darüber reichlich geriebenen Parmesan geben. Wichtig ist, dass die Lasagneplatten immer komplett mit Sauce bedeckt sind, herausschauende Ecken werden nämlich hart. Also alles schön verteilen. Dann ab in den Ofen und bei 200 °C ca. 20 Minuten backen.

Die Lasagne schmeckt auch aufgewärmt hervorragend, wenn nicht sogar besser. Man kann sie also abends gut vorbereiten für den nächsten Tag oder Reste mit ins Büro nehmen und dort unter den neidvollen Blicken der Kollegen verspeisen.

Brathuhn mit Wurzelgemüse

Bei Brathühnchen denken viele vielleicht erstmal an einen Stand, an dem dutzende, mit fertiger Gewürzmischung »verseuchte«, Hendl auf dicken Metallstangen lustig ihre Runden drehen. Dabei geht es so viel besser! Hier das Rezept für das beste Brathühnchen der Welt, inklusive eines Restetipps. Es lohnt sich bei Huhn übrigens wirklich, Bio zu kaufen – das schmeckt einfach besser.

Für 3 Personen
- 1,5 kg Kartoffeln
- 1 Süßkartoffel
- 3 Möhren
- 1 bis 2 Pastinaken
- Olivenöl
- Meersalz, Pfeffer
- 3 rote Zwiebeln
- 1 Biohuhn
- viel frische Kräuter wie Rosmarin, Oregano, Basilikum, Petersilie
- 2 Knoblauchzehen
- 1 Biozitrone

Ofen auf 220 °C vorheizen.
Das Gemüse putzen, in grobe Stücke schneiden und in einer Schüssel mit Olivenöl, Salz und Pfeffer vermengen. Zusammen mit geschälten sowie geviertelten Zwiebeln auf ein großes, tiefes Backblech geben.

Hühnchen waschen, ggf. Beutel mit Innereien entnehmen. Kräuter fein hacken, zusammen mit 3 EL Olivenöl, Meersalz, Pfeffer, zerdrücktem Knoblauch sowie ein wenig Zitronensaft in eine Schüssel geben und eine zähflüssige Marinade herstellen. Vorsichtig die Haut an der Brust des Hühnchens lösen und einen Großteil der Marinade zwischen Haut und Fleisch schieben. Dabei vorsichtig vorgehen, sodass die Haut nicht einreißt. Mit einem scharfen Messer die Haut an den Schenkeln dreimal quer einschneiden, Reste der Marinade in diese Schnitte reiben, restliches Hühnchen ebenfalls einreiben. Starkoch Jamie Oliver hat diesen Trick in einem seiner Rezepte mal gezeigt und ich finde die Idee einfach wunderbar. Die Kräuter können so gezielt ihre Wirkung entfalten und das Brustfleisch wird saftig, köstlich und zart, die Schenkel knusprig und pikant.

Hühnchen nun mit der Brust nach oben auf das Gemüse setzen. Blech in den Ofen schieben. Das Huhn braucht insgesamt ca. 85 Minuten, um gar zu werden. Nach 45 Minuten das Huhn auf den Bauch drehen, damit das Brustfleisch schön zart bleibt. Spätestens bei der Gelegenheit sollte man auch das Gemüse wenden, besser ist: vorher mal gucken, ob es schon zu dunkel wird. Falls es droht anzubrennen, einfach ein wenig Rotwein oder Gemüsebrühe auf das Blech geben — so wird es schonend weitergegart. Die Temperatur auf 180° C zurückdrehen, denn das Huhn ist mittlerweile schön knusprig und muss nur noch fertig garen. Für sehr große Vögel verlängert sich die Garzeit entsprechend.

Zum Servieren das Hühnchen zerteilen, das Gemüse in eine Schüssel geben. Dazu passt französischer Rotwein.

Das Rezept kann man übrigens auch gut mit Hühnerschenkeln zubereiten, die Garzeit verringert sich dadurch auf 45 Minuten. Bei dieser Variante sollte man allerdings das Gemüse etwas vorkochen (alles zusammen für 15 Minuten), sonst könnten die Kartoffeln ein wenig zu bissfest sein. Bon Appétit.

Restetipp: Hühnerbrühe

Das Gerippe mit Fleischresten sowie ggf. Innereien in einen großen Topf geben, knapp mit Wasser bedecken und zusammen mit 2 Hand voll gewürfeltem Suppengemüse, etwas Salz, Pfeffer sowie einem Lorbeerblatt aufkochen und ca. 2 Stunden köcheln lassen.

Ausgekochtes Fleisch und Knochen entfernen – fertig ist eine schmackhafte und gesunde Hühnerbrühe. Man sollte die Suppe allerdings sofort nach Genuss des Hühnchens ansetzen! Wenn die Reste zu lange liegen, können sie schlecht werden – Geflügel ist da heikel! Die Brühe am nächsten Tag als Lunch genießen und/oder zum späteren Gebrauch einfrieren.

Entenbrust auf Honigpastinaken

Für 2 Personen

- 2 Entenbrustfilets à 350 g
- 1 Bio-Orange
- 2 Nelken
- 1 TL getrockneter Thymian
- Pfeffer
- 500 g Kartoffeln
- 500 g Pastinaken
- 100 g Schalotten
- 1 EL Butter
- 1 EL Honig
- 300 ml Hühnerbrühe oder (Luxus!) Entenfond
- Etwas Weißwein
- Salz

Die Entenbrustfilets trocken tupfen und die Haut mehrfach mit einem scharfen Messer einritzen. Orange auspressen und aus dem Saft, Nelken, Thymian und Pfeffer eine Marinade herstellen. Entenbrust mindestens eine Stunde darin einlegen.

Kartoffeln und Pastinaken schälen und grob würfeln. Butter und Honig in einem Topf schmelzen und das Gemüse darin glasieren. Brühe dazu, mit Salz und Pfeffer würzen. Die Orangenmarinade dazugeben und alles ca. 15 Minuten garen. Wer mag, ersetzt etwas Brühe durch Weißwein (Verhältnis 3:1).

Ofen auf 250 °C (Ober- Unterhitze) vorheizen Das Gemüse inkl. Flüssigkeit kommt in die Fettpfanne (= das tiefste Blech) und auf der untersten Schiene in den Ofen. Die Entenbrustfilets trocken tupfen und auf einem eingeölten Backofenrost über dem Blech mit dem Gemüse ebenfalls in den Ofen geben und ca. 40 Minuten garen lassen. Das Entenfett tropft auf das Gemüse, das dadurch einen herrlichen Geschmack bekommt. Dazu schmecken ein Baguette und ein schöner, schwerer Rotwein.

Sellerie-Salat mit Joghurt

Wurzelgemüse kann man übrigens auch roh essen! Im Winter sind diese Rohkostsalate eine willkommene Vitaminbombe. Allerdings sollte es frisch sein, labbrige Exemplare verarbeitet man besser in Aufläufen und Suppen.

Für 4 Personen als Beilagensalat

- ½ Knolle Sellerie
- Saft von 1 Bio-Zitrone
- Salz, Pfeffer
- 2 EL Joghurt

Sellerie schälen und gründlich waschen, weil sich in den feinen Wurzelzweigen an der Unterseite gerne der halbe Acker versteckt. Dann mit einem Gemüsehobel grob in eine Salatschüssel raspeln. Den Zitronensaft sowie den Joghurt dazu geben und untermischen. Mit Salz und Pfeffer abschmecken. Eine halbe Stunde ziehen lassen.

Wir essen diesen Salat gerne zum weihnachtlichen Fondue. Er schmeckt selbst gemacht um Längen besser als der müde Abklatsch aus dem Supermarkt.

Maultaschensuppe

Die schwäbische Küche ist mir langsam ans Herz gewachsen. Die Tatsache, dass man im Supermarkt und in jeder Metzgerei eine schier unendliche Auswahl an Maultaschen angeboten bekommt, trägt dazu bei. Denn nichts geht schneller, als eine Handvoll Maultaschen in selbst gemachter Gemüsebrühe! Die ist warm, sättigt und schmeckt.

Dazu nach rechts stehendem Rezept Gemüsebrühe herstellen und Maultaschen seiner Wahl darin ca. 20 Minuten gar ziehen lassen.

Gemüsebrühe

Gekörnte Brühe bzw. fertige Gemüsebrühe aus dem Reformhaus ist eine gute Alternative, wenn man sie nur als Würzmittel braucht, aber auch, um schnelle Suppen aufzupeppen. Mittlerweile gibt es auch viele Sorten ohne Glutamat. Allerdings ist es gut, zu wissen, wie man eine schmackhafte Gemüsebrühe ohne Hilfsmittel selbst machen kann. Geschmacklich kein Vergleich! Als Sonntagssüppchen und zum Einfrieren bestens geeignet.

Für 2 Liter Brühe
- 2 Stangen Lauch
- ½ oder eine kleine Knolle Sellerie
- 5 Karotten
- 1 Knolle Fenchel
- 1 Zwiebel
- 2 Lorbeerblätter
- 5 Pimentkörner
- Salz, Pfeffer

Lauch halbieren, äußere Blätter und obersten Teil entfernen, Strunk vorsichtig abschneiden und gründlich waschen. Lauchhälften beiseite legen. Sellerie schälen, Wurzelwerk entfernen, gründlich waschen und in zwei Teile schneiden. Karotten putzen, halbieren. Fenchel waschen, halbieren, strunkige Teile ausschneiden. Zwiebel schälen, halbieren und mit den Schnittstellen nach unten auf den Boden eines großen Topfes legen, Herdplatte anschalten. Die Zwiebel quasi rösten, sie darf ruhig etwas schwarz an der Schnittfläche werden. Dann rasch mit 2 Liter Wasser ablöschen. Lauchhälften, Sellerie sowie Karotten und Fenchel dazugeben. Aufkochen lassen. Lorbeerblätter, Pimentkörner und reichlich Salz – mindestens 3 EL – dazu. Auf mittlerer Flamme 2 Stunden köcheln lassen. Dann mit einem Schaumlöffel Gemüseteile und Gewürze rausfischen, Brühe mit Salz und Pfeffer abschmecken. Die Gemüseteile

kann man, wenn man mag, klein schneiden und mitessen. Die klare Brühe in Behälter geben und einfrieren.

Tipp: TK Suppengrün

Wer nur für eine Person kocht, wird keinen Vorrat an frischem Suppengrün (aka eine Knolle Sellerie, eine Handvoll Möhren, ein paar Stangen Lauch) anlegen. Für den Fall kann ich uneingeschränkt tiefgekühltes Suppengrün empfehlen. Für – wie der Name schon sagt – Suppen und Eintöpfe, aber auch zum Aufpeppen von Pastasaucen und Fleischgerichten. Wer, wie ich, nur über ein sehr kleines Tiefkühlfach verfügt, kauft am besten die kleine Verpackungseinheit, die eine ähnliche Größe wie bei den Tiefkühlkräutern hat und für eine Portion genau passt.

Kohl

Das Wintergemüse schlechthin. Leider als Arme-Leute-Essen verschrien, eben weil alle Kohlsorten im Winter unschlagbar günstig sind. Am einfachsten bekommt man Weißkohl und Rotkohl, aber auch Wirsing oder Rosenkohl sind oft zu haben. Spezialitäten wie Filderkraut oder Grünkohl mit Pinkel findet man in den jeweiligen Regionen. Damit es nicht langweilig wird, starten wir mit einem exotischen Gericht aus Blumenkohl, der zwar schon von Mai bis November Saison hat, sich aber hier zu seinen Namensvettern kuscheln durfte.

Blumenkohl-Kartoffel-Curry

Für 4 Personen

- 1 Blumenkohl
- 3 große Kartoffeln
- 1 Zwiebel
- 1 Knoblauchzehe
- 3 EL neutrales Öl
- 2 Kardamomkapseln
- 1 TL Senfsamen
- 1 EL Kreuzkümmel
- 1 Zimtstange
- 2 Nelken
- 1 TL Zucker
- 1 Dose Tomaten
- 100 bis 150 ml Wasser
- Chili nach Geschmack
- Salz

Blumenkohl in kleine Röschen brechen, Strünke kleinschneiden und waschen. Kartoffeln schälen, waschen und klein würfeln. Zwiebeln und Knoblauch grob hacken. In einem großen Topf das Öl stark erhitzen. Gewürze bis auf Salz dazugeben. Wenn die Senfsamen anfangen zu platzen, Zwiebel und Knoblauch dazugeben und unter kräftigem Rühren mit der Würzpaste bedecken. Auf mittlere Hitze runterschalten und Kartoffeln hinzufügen. Kurz anbraten, mit 100 ml Wasser ablöschen. Deckel auf den Topf geben und ca. 15 Minuten kochen lassen, dann Blumenkohl, Tomaten und Salz dazugeben. 20 bis 25 Minuten bei mittlerer Hitze kochen lassen, dabei immer wieder umrühren, damit sich alle Zutaten verbinden. Wenn zu viel Flüssigkeit verkocht, ein bisschen Wasser dazuschütten.

Wer mag, kann 10 Minuten vor Ende der Kochzeit noch eine Handvoll Erbsen aus dem Tiefkühlfach dazugeben. Mit Chili abschmecken, etwas Currypulver oder Garam Masala dazugeben. Vor dem Servieren Zimtstange, Nelken und Kardamomkapseln – soweit auffindbar – entfernen. Besonders lecker: mit ein bisschen frischem Koriander bestreuen.

Dazu schmeckt: Basmatireis, Joghurt mit Kreuzkümmel und Salz sowie Chutneys. Ein wärmendes Winteressen abseits der deftigen Hausmannskost. Bon Appétit.

Oma Marias Blumenkohlsalat

Für 4 bis 6 Personen als Beilage

- 1 schöner Blumenkohlkopf
- Etwas Zitronensaft
- 1 Becher Schmand/saure Sahne
- 2 bis 3 EL Joghurt
- ½ geriebene Zwiebel
- 1 EL Öl
- ½ EL Kräuteressig
- Salz, Pfeffer
- Frische, fein gehackte Petersilie zum Garnieren

Blumenkohl in einem großen Topf in sprudelndem und gesalzenem Wasser mit einem Spritzer Zitronensaft kochen. Je nach Kohlgröße für 10 bis 15 Minuten – er darf nicht zu weich sein! Danach abgießen und sehr gut abtropfen (Tipp von meiner Oma, weil sonst das Restwasser die Sauce verwässert).

Während der Blumenkohl abtropft, in einem Becher die Sauce herstellen: dafür Schmand mit Joghurt, Zwiebel (Tipp von meiner Mama: Man kann die Zwiebel auch mit der Knoblauchpresse entsaften), Öl und Kräuteressig verrühren. Mit Salz und Pfeffer abschmecken. Die Sauce darf nicht zu dünn sein, also beim Joghurt eine eher cremige Sorte wählen.

Nun wird der gut abgetropfte Blumenkohl in eine große Schüssel gelegt, an deren Rand noch Platz sein muss. Mit der Sauce gleichmäßig übergießen und richtig lange ziehen lassen. Zwischendurch öfters mit einem Löffel die heruntergelaufene Sauce, die sich mit dem Blumenkohl-Saft vermischt, wieder über den Kohlkopf verteilen. Mit gehackter Petersilie bestreuen und beim Servieren die einzelnen Portionen mit einem großen Löffel herunterstechen.

Toll als Beilagensalat zum Sonntagsbraten, einer deftigen Brotzeit oder als Teil eines kalten Buffets.

Würziges Rotkraut

- 1 mittelgroßer Krautkopf
- 1 Zwiebel, geschält
- 8 Gewürznelken
- 1 bis 2 Äpfel (oder 4 EL Apfelmus)
- 2 EL vegetarisches Apfelschmalz (Bioladen)
- Etwas Öl
- 3 EL Zucker
- 2 EL Balsamicoessig
- 1 Stange Zimt
- 4 Pimentkörner
- 1 Lorbeerblatt
- 500 ml Fleisch- oder Gemüsebrühe
- Salz

Rotkraut vierteln und in feine Streifen schneiden. Zwiebel mit Nelken spicken. Äpfel schälen und klein würfeln. Apfelschmalz und Öl in einem großen Topf erhitzen. Zucker darin karamellisieren, Rotkohl dazugeben und kurz anbraten. Mit Essig ablöschen, Brühe zugießen. Gewürze, gespickte Zwiebel und Apfel/Apfelmus hinzufügen, auf niedriger Flamme mindestens eine Stunde köcheln lassen. Wer es knackig mag, kocht das Kraut entsprechend kürzer. Abschmecken und salzen.

Tipp:

Am besten schmeckt Rotkraut so: Schon am Vortag vorbereiten und dann nur noch erwärmen. 2 EL Brombeermarmelade sorgen für den Extra-Kick. Reste lassen sich prima einfrieren. Dazu passen alle klassischen Wildgerichte sowie Geflügel.

Asiatische Krautpfanne

Für 4 Personen

- 300 g Pilze (Champignons, Egerlinge)
- 80 ml Sojasauce
- ½ Kopf Weißkraut
- 2 Möhren
- 2 EL neutrales Öl
- 2 TL Zucker
- 80 ml Reiswein oder Sherry

Pilze putzen, in feine Scheiben schneiden und in Sojasauce marinieren. Kraut waschen und in feine Streifen hobeln, Möhren schälen und fein stifteln. Öl in einer großen Pfanne stark erhitzen. Kohl und Möhren scharf darin anbraten. Wer mag kann auch noch frische Sprossen mit anbraten. Mit Zucker karamellisieren. Mit Reiswein ablöschen. Pilze dazugeben und Hitze runterstellen. Ca. 15 Minuten köcheln lassen, bis die Flüssigkeit komplett verdampft ist. Dazu Reis servieren. Schnell und lecker.

Äpfel

Äpfel gibt es das ganz Jahr über zu kaufen, obwohl klassische Erntezeit in Deutschland im Spätsommer und Herbst ist. Die erste Sorte, die geerntet wird, ist der Klarapfel, der sich vor allem für leckere Kuchen eignet. Ende Oktober werden die letzten Früchte vom Baum geholt. Was dann noch hängt oder unter den Bäumen liegt, ist Futter für Kleintiere und Vögel. Während die deutschen Äpfel im März auch bei guter Lagerung langsam schrumpelig und mehlig werden, gibt es der Deutschen liebstes Obst das ganze Jahr über – zum größten Teil aus Neuseeland, dessen Apfelproduktion zu 90 % für den Export bestimmt ist. Besser: heimische Sorten wie Rubinette oder Goldparmäne probieren und einkochen.

Apfel-Chutney

Wer möchte nicht auf der nächsten Grillparty mit einem selbst gemachten Chutney glänzen? Schmeckt besonders gut zu Schweinefleisch, aber auch als Begleitung von Curry.

Für 6 alte Pesto- oder Babygläser

- 1 kg Äpfel
- 1 große Gemüsezwiebel, fein gehackt
- 1 Knoblauchzehe, fein gehackt
- 380 ml Weinessig
- 500 g Zucker
- 3 EL Senfkörner
- 2 EL frisch geriebener Ingwer
- 1 TL Cayennepfeffer
- 250 g Rosinen

Bei den Äpfeln darauf achten, dass keine überreifen Exemplare dabei sind. Diese sind reich an Pektin und machen aus dem Chutney eher ein Gelee. Aus überreifen Äpfeln lieber Apfelpfannkuchen machen.

Äpfel putzen, schälen, vierteln und in dünne Scheiben schneiden. Mit Zwiebel und Knoblauch in einen großen Topf geben. Essig, Zucker, Senfkörner, Ingwer und Cayennepfeffer dazu und auf kleinster Flamme ca. 1 Stunde köcheln lassen. Ab und zu umrühren, damit nichts anbrennt. Dann die Rosinen dazugeben und noch mal 15 Minuten köcheln lassen, bis das Chutney so fest ist, dass es nicht mehr vom Löffel fließt. In der Zwischenzeit die Gläser auswaschen und sterilisieren (siehe Einkochtipps ab Seite 75). Das noch heiße Chutney sofort in die Gläser füllen, Rand mit einem sauberen Küchentuch abwischen und gut verschließen.

Das Chutney ist – falls richtig verschlossen – 1 Jahr haltbar. Beim Öffnen des Glases sollte es »Plopp« machen. Nach Anbruch bald verbrauchen, daher verwende ich kleine Gefäße.

Apfelkompott/Pie Filling

Zur Begriffsklärung: Kompott meint hier nicht Mus, sondern eingekochte Apfelstückchen, im Englischen läuft das Ganze unter Pie Filling. Diese eingekochten Stückchen kann man nicht nur einfach so essen, sondern auch für Kuchen oder Crumbles (siehe Rezept Birnencrumble Seite 115) verwenden. Das Rezept ist sehr einfach und kann je nach Apfelmenge hochskaliert werden.

Für ½-Liter-Einweckglas
- 2 mittelgroße Äpfel, säuerlich
- 2 EL Zucker
- 1 TL Vanillezucker

Äpfel schälen, waschen, entkernen und achteln. Apfelstücke in das Einweckglas schichten, mit Zucker und Vanillezucker bedecken und mit Wasser aufgießen, sodass sie knapp bedeckt sind. Das Glas verschließen und 20 Minuten einkochen (siehe Einkochtipps ab Seite 75).

Besonders gut eignen sich für dieses Rezept säuerliche Apfelsorten, wie der Boskop, aber auch der deutsche Klarapfel, den es bereits im August gibt, sowie die Rubinette oder der Pinova, die man auf Märkten und in gut sortierten Supermärkten findet. Nicht geeignet sind süße und wässrige Sorten wie Golden Delicious oder Granny Smith. Wer es weihnachtlich mag, kann in jedes Glas noch ein kleines Stück Zimtstange geben.

Fluffige Apfelpfannkuchen

Für 4 Personen
- 1 bis 2 Äpfel

Flüssige Zutaten:
- 200 ml Milch
- 30 g zerlassene Butter
- 2 Eier

Trockene Zutaten:
- 180 g Weizenmehl 505
- 2 TL Backpulver
- 2 El Zucker
- 1 Prise Salz

Erst flüssige, dann trockene Zutaten mischen, dann beides miteinander verrühren. Äpfel waschen, entkernen, in dünne Stückchen schneiden und zum Teig geben. Der Clou: Teig ca. 20 Minuten stehen lassen. Die Säure der Äpfel aktiviert das Backpulver und der Teig geht schon etwas auf – ultimative Fluffiness garantiert. In einer großen Pfanne ein wenig Butter schmelzen, für kleine Pfannkuchen 3 bis 4 Esslöffel Teig mit etwas Abstand hineinsetzen. Wenn der Teig an der Oberfläche anfängt zu blubbern, Küchlein umdrehen und die andere Seite goldbraun backen. Dazu passt: Ahornsirup, Honig oder Rübenkraut. Schmeckt auch am nächsten Tag als kalter Snack.

Birnen

Birnen mit Äpfeln vergleichen, sagt man, wenn man etwas völlig Unterschiedliches miteinander vergleicht. Dabei sind sich Birnen und Äpfel gar nicht so unähnlich: Sie schmecken pur, lassen sich zu Kompott und Chutneys verarbeiten, machen sich gut in Rührkuchen, schmecken aber auch zu Fleisch. Gute, schmackhafte Birnensorten sind allerdings rar. Eine reife Birne muss riechen, wenn man vor dem Kauf an ihr schnuppert. Ist sie hart und völlig geruchlos, lässt man sie lieber liegen. Und aus überreifen Birnen macht man am besten einen Birnencrumble.

Birnencrumble

Für 4 Personen
- 1 kg Birnen
- 100 g Mehl
- 100 g feine Haferflocken
- 90 g brauner Zucker
- 100 g Butter

Die Birnen schälen und in feine Scheiben schneiden. In eine gefettete Auflaufform schichten. Butter in kleine Würfel schneiden und mit Mehl, Haferflocken und Zucker vermischen. Mit der Hand daraus Streusel herstellen. Diese über die Birnen geben und leicht andrücken. Im auf 180 °C vorgeheizten Ofen ca. 25 bis 30 Minuten backen, bis der Belag knusprig ist. Schmeckt herrlich mit Vanilleeis oder Schlagsahne.

Gesundes Essen
im Büro und
unterwegs

Eine Frage der Kreativität

Wenn es um schlechtes Essen im Büro geht, bin ich quasi Expertin. Was ich mir schon alles zur Mittagspause angetan habe, kommt vielen Büromenschen bestimmt bekannt vor. Dabei hatten wir noch nicht mal wirklich eine Kantine! Dafür gab es: Leberkässemmel mit fertigem Kartoffelsalat, chinesische Tütensuppe, Fertiggerichte für die Mikrowelle und an besseren Tagen Take-away vom lokalen Metzger. Manchmal habe ich mir dann ein Mittagessen im Bio-Bistro gegönnt oder es sogar geschafft, am Abend vorzukochen. Glorreiche Tage. Dass ich mir mit dem Essen meine Gesundheit ruiniert habe, möchte ich nicht behaupten, aber meine Gallenblase bin ich schon mal los. Dabei wäre es so einfach gewesen, mit ein bisschen Selbstdisziplin und Kreativität leckere Mittagessen auf den Tisch zu zaubern. Hier ein paar Tipps, wie man sich im Büro und auch sonst unterwegs gesund und nachhaltig ernähren kann, ohne viel Geld auszugeben oder gestresst zu sein.

Supp supp hurra

Suppe ist ein prima Mittagessen, das man am Abend vorher zu Hause in Ruhe vorbereiten, tiefgefroren bevorraten kann und das in der firmeneigenen Mikrowelle schnell warm gemacht ist.

Die Vorteile von Suppe:

✓ Sie ist einfach gemacht: Zutaten schnippeln, in den Topf, Deckel drauf, Herd an, Füße hoch, Fernseher an oder Buch auf und zwischendurch umrühren.

✓ Sie ist ein prima Versteck für Reste: Aus altem Gemüse kann man immer eine Minestrone machen, Kartoffelpüree vom Vortag gibt cremigen Suppen die richtige Bindung und Hühnergerippe eine kräftige Brühe. So wird man Reste los und hat am nächsten Tag noch etwas Gutes zu essen.

✓ Sie lässt sich super mitnehmen. Wer gleich schreit: »Aber das läuft doch aus!« und Tupperware nicht vertraut, dem sei folgender Tipp gegeben: Alte Gurkenschraubgläser eigenen sich vorzüglich für den Transport von flüssigen Speisen. Wer vom Opa noch einen Henkelmann im Keller hat, kann den benutzten. Retroschickneid von Kollegen garantiert! Außerdem gibt es hübsche chinesische Thermoskannen, die extra für den Transport von Suppe gedacht sind. Die Möglichkeiten sind also schier endlos.

✓ Sie lässt sich gut bevorraten: Wer nicht viel Zeit zum Kochen hat, aber zum Beispiel ein großes Gefrierfach, kann am Wochenende einen Suppenmarathon hinlegen: zwei bis drei Suppen kochen, einen Teil essen und die Reste in individuellen Portionen einfrieren. Unter der Woche gefrorene Suppe mitnehmen, bis Mittag auftauen lassen, noch einmal kurz in der Mikrowelle erhitzen und fertig! Nach ein paar Wochenenden hat man dann schon eine stattliche Auswahl an Suppen und Eintöpfen, vorausgesetzt man hat ein großen Gefrierfach … Suppenrezepte auf den Seiten 65, 68, 93, 96 und 105 ff.

Bring back the Pausenbrot

Bei dem Wort riecht man schon den Muff von Schulturnhallen, Aulen und erinnert sich an Infostände von Ernährungsberatern, die einem die Milchschnitte ausreden wollten. Zwei Jahrzehnte später muss ich anerkennen: Es ist was dran am Pausenbrot. Einfacher, gesünder und billiger ist kaum eine andere Form der Unterwegsernährung. In ihm lassen sich Reste gut verarbeiten, man kann es am Schreibtisch und auf der Parkbank essen – und es gibt viele inspirierende Rezepte für Luxuspausenbrote. Die heißen heute Sandwich oder Wrap, weil Pausenbrot der Gourmetelite zu sehr nach Reihenhaus und Turnbeutel klingt. Statt drögen Graubrotscheiben mit leicht verschwitztem Gouda hier ein paar meiner Lieblingsrezepte, Mengenangaben für einen hungrigen Bürosklaven.

Sandwich mit Kresse und Ei

- 2 Bio-Eier
- 4 Scheiben Toastbrot, ungetoastet
- Butter
- 1 TL Mayonnaise
- ½ TL Senf
- Salz, Pfeffer
- 1 Handvoll Kresse

Eier ca. 7 Minuten hart kochen. Kalt abschrecken. Toastbrotscheiben einseitig buttern. Das Ei pellen und fein würfeln bzw. in einer Schüssel mit der Gabel zerdrücken. Mit Mayonnaise, Senf, Salz sowie Pfeffer und der abgeschnittenen Kresse zusammen zu einer Sandwichfüllung verarbeiten. Auf zwei der vier Toastbrotscheiben verteilen, mit den anderen Scheiben bedecken und diagonal halbieren, sodass die klassischen Sandwichdreiecke entstehen. Fertige Sandwiches in eine Tupperschüssel packen und im Büro gleich in den Kühlschrank geben. Ist beim Verzehr etwas kompliziert, aber sehr köstlich!

Baguette mit Pesto, Mozzarella und Rucola

- ½ Baguette oder 1 Baguettebrötchen
- Butter
- 2 TL Pesto (Reste)
- 1 kleiner Mozzarella
- 1 Hand voll Rucola
- Salz

Baguette aufschneiden und beide Schnitthälften mit Butter bestreichen. Dann auf die untere Hälfte eine dünne Schicht Pesto geben. Den Mozzarella in Scheiben schneiden und diese auf der unteren Hälfte gleichmäßig verteilen. Den Rucola waschen, gut trocken tupfen und ebenfalls drauflegen. Etwas Salz darüber und mit der anderen Baguettehälfte zudecken.

Thunfischbaguette

(aus Thunfischresten von der Sauce Puttanesca Seite 64)

- 1 kleine Dose Thunfisch oder ½ große Dose
- 1 Möhre, fein geraspelt
- 1 TL Mayonnaise
- 1 TL Kapern
- Salz, Pfeffer
- ½ Baguette oder 1 Baguettebrötchen

Den Thunfisch zusammen mit der Möhre, der Mayonnaise und den Kapern zu einer Masse verrühren. Mit Salz und Pfeffer abschmecken und auf das aufgeschnittene Baguette verteilen. Nach Belieben noch ein paar Salatblätter dazu. Zusammenklappen, fertig ist das Mittagessen.

Knäckebrot mit Blauschimmelkäse und Chicoree

Für ganz Eilige

- Blauschimmelkäse
- Vier Scheiben Knäckebrot
- 4 bis 5 Blätter Chicoree (aus den Resten den Salat von Seite 101 machen)

Blauschimmelkäse auf 2 der 4 Scheiben Knäckebrot verteilen und mit Chicoree garnieren. Andere Knäckebrotscheibe drauf und losknuspern.

Hühnersandwich

Immer wieder gut: Das Hühnersandwich. Das Rezept dazu befindet sich im Kapitel Resteverwertung auf Seite 63. Wer wirklich viel Huhn hat, kann die Füllung mit ein wenig Rucola garniert als Salat essen.

Reiseproviant

Kennen Sie die Leute, die, sobald sie im Zug sitzen, anfangen die Stullen auszupacken? Und mit herzhafter Lust in die kleinen Salamis beißen, als hätten sie seit Tagen nichts mehr zu essen bekommen? Tja. Das sind wir. Ohne Proviant eine Reise anzutreten, ist für uns ein größeres Wagnis als in Unterhose Eis holen zu gehen. Reiseproviant hat den Vorteil, dass man seinen Kühlschrank vor längeren Abwesenheiten leeren kann – alles darf mit, Eier werden zu Omelettes, Gemüse zu Salaten und Fleisch zu kaltem Braten. Außerdem spart man sich den Besuch im Bordbistro, wo man in der Nachbarschaft von Pils trinkenden Handlungsreisenden lauwarme Gulaschsuppe oder aber Gerichte überdrehter Fernsehköche essen müsste. Absolute No nos für Reiseproviant im Sinne des friedlichen Nebeneinanders von Zugreisenden sind hart gekochte Eier (deswegen Omelette, das stinkt nicht), streng riechende Wurstsorten, knoblauchhaltige Lebensmittel sowie alles mit roher Zwiebel. Fischkonserven sollte man sich ebenfalls verkneifen.

Damit man sich nicht kaputt schleppt, ist natürlich die richtige Verpackung wichtig. Wer keine Lust hat, nach der Vesper leere Tupperdosen rumzuschleppen, verwende für Brote alte Bäckertüten und für Restesalate zum Beispiel alte Eisschachteln, die gut für den Transport von Essen (nichts flüssiges!) verwendet werden können.

Oma Marias Omelettebrot

Hier als Abschluss noch das Rezept von Oma Marias Omelettebroten, weil sie das perfekte Unterwegsbrot sind und mich seit meiner Kindheit auf vielen Reisen begleitet haben.

Für 4 Personen
- 8 Scheiben frisches Bauern- oder Graubrot
- Butter
- 4 bis 5 Eier
- 4 bis 5 EL Milch oder Sprudel
- Salz, Pfeffer

Brote auf einer Seite buttern. In einer Schüssel die Eier mit Milch, Salz und Pfeffer verrühren.

In einer kleinen Pfanne ein wenig Butter erhitzen und 4 Omelettes backen. Erst umdrehen, wenn die Eimasse auch am Rand der Oberseite zu stocken anfängt. Besonders luftig werden die Omelettes, wenn man anstatt Milch Sprudel verwendet.

Die fertigen Omelettes auf vier Brotscheiben verteilen und mit den restlichen Brotscheiben bedecken.

Frikadellen und Nudelsalat für den Familienausflug

Die frühen 1980er: eine hellgrün-khaki-jägerfarben gemusterte Picknickdecke, sonnenwarme Mirinda und Schwippschwapp. Und der weltbeste Nudelsalat mit kalten Frikadellen. Der ideale Proviant für einen Familienausflug mit Auto, Rad, Schiff oder zu Fuß. Für vier hungrige Esser.

Zutaten für den Nudelsalat
- 250 g Hörnchennudeln
- 2 Tomaten
- 2 bis 3 Gewürzgurken
- 1 kleine Dose sehr feine Erbsen, abgetropft
- 2 gehäufte EL Mayonnaise
- 2 gehäufte EL Joghurt
- 1 bis 2 EL Gurkenwasser oder Essig
- Salz, Pfeffer

Nudeln bissfest kochen, kalt abspülen und sehr gut abtropfen lassen. Die Tomaten entkernen und in feine Würfel schneiden, die Gewürzgurken ebenfalls fein würfeln und zusammen mit den Erbsen in eine große Salatschüssel geben. Aus Mayonnaise, Joghurt, Gurkenwasser sowie Essig, Salz und Pfeffer eine Salatsauce herstellen. Diese über die Tomaten,

Gurken und Erbsen geben und vermischen. Dann die Nudeln dazu und wieder gut vermischen. Im Kühlschrank mindestens einen halben Tag ziehen lassen – am besten also schon am Abend vor dem Ausflug zubereiten! Die Sauce kräftig würzen, da die Nudeln viel Salz absorbieren! Vor dem Umfüllen in ein reisetaugliches Gefäß am besten noch mal kurz abschmecken.

Zutaten für die Frikadellen
- 500 g gemischtes Hackfleisch
- 1 großes oder 2 kleine Eier
- ½ Zwiebel, fein gewürfelt
- 1 EL Senf
- 2 EL Semmelbrösel
- 1 EL Butter
- Salz, Pfeffer

Alle Zutaten zu einem geschmeidigen Fleischteig verkneten. Nicht zu viele Semmelbrösel verwenden, sonst werden die Frikadellen trocken. In einer großen Pfanne die Butter erhitzen, den Teig zu kleinen, flachen Buletten formen und 10 Minuten knusprig braun braten. Dann zum Abkühlen auf Haushaltspapier legen (das saugt das überschüssige Fett ab) und bis zur Abreise ordnungsgemäß verpackt im Kühlschrank aufbewahren.

Wissenswerte
Hintergründe

Nährwerttabelle Obst und Gemüse

In 100 g essbarem Anteil sind enthalten

	Kalorien Kcal	Joule kJ	Eiweiß g	Fett g	Kohlenhydrate g
Äpfel	82	217	0,34	0,4	11,43
Aprikosen	42	177	0,9	0,1	8,54
Bananen	95	398	1,15	0,18	21,39
Birnen	52	219	0,5	0,3	12,4
Brombeeren	30	125	1,2	1,0	2,7
Erdbeeren	32	134	0,8	0,4	5,5
Grapefruit	50	209	0,6	0,15	8,95
Heidelbeeren	42	176	0,6	0,6	7,4
Honigmelone	26	110	0,88	0,09	5,3
Johannisbeeren, rot	43	181	1,1	0,2	7,3
Johannisbeeren, schwarz	57	239	1,3	0,2	10,3
Kirschen, sauer	58	241	0,9	0,4	11,0
Kirschen, süß	63	265	0,9	0,3	13,3
Mirabellen	64	269	0,7	0,2	14,0
Orangen	47	197	1,0	0,2	9,19
Pfirsiche	41	170	0,8	0,1	8,90
Pflaumen	47	197	0,6	0,2	10,2

In 100 g essbarem Anteil sind enthalten

	Kalorien	Joule	Eiweiß	Fett	Kohlenhydrate
	Kcal	kJ	g	g	g
Stachelbeeren	44	184	0,8	0,2	8,5
Weintrauben	71	297	0,7	0,3	15,6
Rosinen	304	1271	2,99	1,28	66,77
Zitronen	56	235	0,7	0,6	8,08
Aubergine	17	72	1,24	0,18	2,49
Stangensellerie (Bleichsellerie)	17	70	1,2	0,2	2,18
Blumenkohl	23	95	2,46	0,28	2,34
Bohnen	25	106	2,39	0,24	3,2
Bohnen, weiß, getrocknet	262	1098	22,0	1,6	40,0
Brokkoli	26	110	3,3	0,2	2,51
Champignons	15	64	2,74	0,24	0,56
Chicorée	17	72	1,3	0,18	2,34
Endivien	11	46	1,75	0,2	0,3
Feldsalat	14	60	1,84	0,36	0,7
Fenchel	25	103	2,43	0,3	2,84
Gurken	12	51	0,6	0,2	1,81
Kartoffeln	71	298	2,04	0,11	14,81

Nährwerttabelle Obst und Gemüse

In 100 g essbarem Anteil sind enthalten

	Kalorien Kcal	Joule kJ	Eiweiß g	Fett g	Kohlenhydrate g
Knollensellerie	19	81	1,7	0,3	2,25
Kopfsalat	12	49	1,25	0,22	1,06
Kürbis	27	112	1,4	0,2	4,59
Lauch	26	107	2,24	0,34	3,21
Linsen, getrocknet	336	1426	24,40	1,5	57,3
Möhren	26	108	0,98	0,2	4,8
Paprikaschoten	20	85	1,17	0,3	2,91
Rhabarber	13	55	0,6	0,1	1,36
Rotkohl	23	95	1,5	0,18	3,54
Spinat	17	73	2,52	0,3	0,55
Tomaten	17	73	0,95	0,21	2,6
Tomatenmark	74	309	4,5	0,2	12,9
Weißkraut	25	104	1,37	0,2	4,16
Zucchini	19	80	1,6	0,4	2,05
Zwiebeln	28	117	1,25	0,25	4,91

Nährwerttabelle Fleisch und Fisch

In 100 g essbarem Anteil sind enthalten

	Kalorien Kcal	Joule kJ	Eiweiß g	Fett g	Kohlenhydrate g
Schweinebauch	259	1083	17,8	21,1	–
Schweineschnitzel	167	448	22,2	1,9	–
Rinderfilet		121	508	21,20	4,0
Rinderlende	130	546	22,45	4,45	–
Schweineschinken roh, gesalzen, geräuchert	116	487	18,28	4,96	0,89
Speck, durchwachsen	145	606	17,49	7,94	–
Hackfleisch, gemischt	221	926	18,9	16,2	0,27
Ente	174	727	26,38	7,52	–
Brathuhn	189	790	26,01	9,41	–
Suppenhuhn	276	1155	24,75	19,83	–
Forelle	123	517	23,84	2,9	–
Lachs	131	547	18,40	6,34	–
Thunfisch in Öl	222	929	20,51	15,68	–
Hühnerei	154	646	12,9	11,2	0,7

Nährwerttabelle Milchprodukte

In 100 g essbarem Anteil sind enthalten

	Kalorien Kcal	Joule kJ	Eiweiß g	Fett g	Kohlenhydrate g
Kuhmilch 3,5 % Fett	64	269	3,3	3,5	4,8
Kuhmilch 1,5 % Fett	48	203	3,4	1,6	4,9
Joghurt 3,5 % Fett	66	275	3,3	3,8	4,0
Joghurt 1,5 % Fett	46	193	3,4	1,5	4,1
Buttermilch	36	150	3,2	0,5	4,1
Schlagsahne 30 % Fett	288	1207	2,5	30,0	3,2
Saure Sahne	117	488	3,1	10,0	3,3
Emmentaler Käse 45 % Fett i.Tr*	386	1603	29,0	30,0	0,5
Parmesankäse	440	1842	32,3	34,8	–
Rahmfrischkäse 50 % Fett i.Tr.	281	1177	13,8	23,6	3,41
Speisequark 20 % Fett i.Tr.	100	418	10,8	4,4	3,6
Magerquark	75	315	13,5	0,2	4,0

* i.Tr. bedeutet »in Trockenmasse«, d.h. man meint das absolute Gewicht des Käses abzüglich des enthaltenen Wassers.

Nährwerttabelle Speisefette, Nüsse, Getreide & Co

In 100 g essbarem Anteil sind enthalten

	Kalorien Kcal	Joule kJ	Eiweiß g	Fett g	Kohlenhydrate g
Butter (Deutsche Markenbutter)	741	3101	0,67	83,2	0,6
Sonnenblumenöl	882	3693	–	99,8	–
Olivenöl	881	3689	–	99,6	0,2
Mayonnaise, fettreich	727	3040	1,1	78,9	3,0
Haferflocken	370	1548	12,53	7,0	63,29
Reis, poliert	350	1466	7,02	1,1	76,83
Couscous	345	1467	12,3	0,5	74
Weizenmehl	337	1409	9,8	1,0	70,9
Dinkelvollkornmehl	332	1409	14,4	2,6	64
Semmeln	248	1038	7,42	1,35	50,65
Haselnüsse	636	2662	11,96	61,6	11,54
Walnüsse	654	2738	14,4	62,5	10,60
Honig	306	1283	0,38	–	75,07
Zucker	405	1697	–	–	99,8

Saisonkalender Obst und Früchte

	Aprikosen	Äpfel	Birnen	Brombeeren	Erdbeeren	Heidelbeeren	Himbeeren	Holunderbeeren
Januar								
Februar								
März								
April								
Mai					■			
Juni	■				■		■	
Juli	■		■	■	■	■	■	
August	■	■	■	■		■	■	
September		■	■	■		■		■
Oktober		■	■					■
November		■						
Dezember								

Johannisbeeren	Kirschen, süß	Kirschen, sauer	Mirabellen/-Renekloden	Nektarinen/Pfirsich	Rhabarber	Stachelbeeren	Weintrauben	Zwetschgen	
									Januar
									Februar
									März
									April
					■				Mai
■	■	■	■	■	■	■		■	Juni
■	■	■		■		■		■	Juli
■				■		■			August
							■		September
							■		Oktober
							■		November
									Dezember

Saisonkalender für frisch geerntetes Gemüse

	Aubergine	Blumenkohl	Chicoree	Endiviensalat	Fenchel	Feldsalat	Kartoffeln	Knoblauch	Kürbis	Lauch
Januar			■	■		■				
Februar			■	■		■				
März			■			■				
April						■				
Mai		■								
Juni		■		■			■			
Juli	■	■		■			■	■		■
August	■	■		■	■		■	■		■
September	■	■	■	■	■	■	■	■	■	■
Oktober	■	■	■	■	■	■	■		■	■
November		■	■	■		■			■	■
Dezember			■			■				■

Meerettich	Möhren	Paprika	Peperoni	Radieschen	Rote Bete	Sellerie	Tomaten	Zucchini + Gurke	Zwiebeln	
										Januar
										Februar
										März
										April
				■						Mai
	■			■						Juni
	■	■		■			■	■	■	Juli
	■	■	■	■		■	■	■	■	August
■	■	■	■	■	■	■	■	■	■	September
■	■	■	■	■	■	■	■	■	■	Oktober
■					■					November
										Dezember

Saisonkalender für Kräuter

	Bärlauch	Basilikum	Bohnenkraut	Dill	Estragon	Koriander	Kresse	Lorbeer	Majoran
Januar		∎				∎	∎	∎	
Februar		∎				∎	∎	∎	
März	∎					∎	∎	∎	
April	∎	∎		∎		∎	∎	∎	
Mai	∎	∎		∎		∎	∎	∎	
Juni		∎	∎	∎	∎	∎	∎	∎	∎
Juli		∎	∎	∎	∎	∎	∎	∎	∎
August		∎	∎	∎	∎	∎	∎	∎	∎
September		∎	∎			∎	∎	∎	∎
Oktober		∎				∎	∎	∎	
November									
Dezember									

Melisse	Minze	Oregano	Petersilie	Rosmarin	Salbei	Schnittlauch	Thymian	
			■			■		Januar
			■			■		Februar
			■			■		März
■			■			■		April
■		■	■	■	■	■	■	Mai
■	■	■	■	■	■	■	■	Juni
■	■	■	■	■		■		Juli
■	■	■	■	■		■	■	August
■	■	■	■	■		■	■	September
■			■			■		Oktober
								November
								Dezember

Rezeptregister

Linkliste – Nützliches im Web

Planen und kaufen

www.kochplaner.de
Hier kann man sich einen virtuellen Wochenplan erstellen. Der Clou: gibt es jetzt auch mit Abokisten bei Froodies oder BringmirBio.de, die einem alle für den Wochenplan nötigen Zutaten bis vor die Tür bringen.

www.kommtessen.de
Auch hier gibt es Rezepte für Montag bis Freitag. Die Zutaten werden sogar in der richtigen Menge ins Haus geliefert. Diesen Service gibt es leider bislang nur in Hamburg und Frankfurt (Stand Juni 2011), aber man möchte sich gerne im ganzen Bundesgebiet etablieren.

www.froodies.de
Bundesweit verfügbar ist der Online Supermarkt froodies – für alle, die in der Kaffeepause noch schnell einkaufen wollen. Lieferung kommt in der Regel am nächsten, spätestens übernächsten Tag an. Registrierte Firmen können sogar direkt ins Büro liefern lassen.

www.bring-mir-Bio.de
Ebenfalls bundesweit liefert der Online-Biomarkt bring-mir-Bio.de. Gegründet von einem kleinen Bioladen im Spessart, liefert die Seite alles, was man aus dem Biosortiment kennt, bis am nächsten Tag nach Hause.

www.foodwatch.de
Alles, was man über fragwürdige Tricks der Nahrungsmittelindustrie und des Einzelhandels wissen muss. Verleiht alljährlich den Goldenen Windbeutel für das Produkt mit der verlogensten Werbung.

Tipps, Tricks und tolle Ideen

www.waswiressen.de
Vom Bundesministerium für Ernährung, Landwirtschaft und Verbraucherschutz: wichtige Informationen über Lebensmittelsicherheit und gesunde Ernährung, viele Rezepte, Tipps zur Vorratshaltung und zum Einkauf sowie Informationen über Aktionen des Ministeriums.

www.mundraub.org
Wenn in Deutschland im Sommer die Bäume und Sträucher Früchte tragen, gehen Menschen mit Sammelleidenschaft auf Wald und Wiesen. Unter diesem Link findet man auf einen Blick, wo man was legal pflücken darf. Außerdem kann man Fundorte von herrenlosem Obst eintragen.

www.donnerstag-veggietag.de
Weniger Fleisch essen ist gesund und schont die Umwelt. Beim Veggietag machen vor allem Kantinen von öffentlichen Trägern mit. Aber man kann auch im eigenen Wochenplan einen oder sogar mehrere Veggietage einführen. Hier findet man eine Menge Rezeptideen.

Englischsprachige Links

www.lovefoodhatewaste.com
DIE Seite zum Thema Resteverwertung aus Großbritannien. Mit viel Humor und Liebe zum Detail werden die am häufigsten weggeworfenen Lebensmittel besprochen. Es gibt eine unendliche Anzahl von Rezepten und Ideen.

www.myzerowaste.com
Eine Familie aus England beschließt kurzerhand, keinen Restmüll mehr zu produzieren. Nichts wird weggeschmissen, alles wird recycled. Ein faszinierendes Unternehmen, über das die Familie Green täglich berichtet. Die Seite ist mittlerweile zur internationalen Anlaufstelle für alle geworden, die Resteverwertung schätzen und ihre Umwelt lieben.

www.gojee.com
Auf gojee.com haben sich einige der besten englischsprachigen Foodblogger zusammengetan und bieten ein Filtertool für ihre Blogs: Statt jeden einzelnen nach einem passenden Rezept zu durchsuchen, kann man in einer Suchmaske jene Zutaten eingeben, die man noch im Kühlschrank hat und bekommt prompt Links zu allen passenden Rezepten.

Über die Autorin

Sabine Huth-Rauschenbach ist Mitte 30 und wohnt mit Mann und Kindern in Stuttgart. Nach langen Jahren in der Werbung hat sie sich als Texterin, Autorin und Übersetzerin selbstständig gemacht und angefangen, sich auf Food-Themen zu spezialisieren. Früher selbst passionierte Fertiggerichtesserin, ist sie nun geläutert und kauft, kocht und haushaltet fast immer vorbildlich. Dieses Buch widmet sie ihrem geduldigen Testesser St., dem Würschtel-mit-Ketchup-und-Schokolade-Gourmet Emil und dem kleinen Wunder Elsa sowie allen, die das Wunder möglich gemacht haben. Außerdem Dank an Oma Maria und Mama für unvergessliche Kindheitsgerichte.

Bibliografische Information der Deutschen Nationalbibliothek
Die Deutsche Nationalbibliothek verzeichnet diese Publikation in der Deutschen Nationalbibliografie; detaillierte bibliografische Daten sind im Internet über http://dnb.d-nb.de abrufbar.

BLV Buchverlag GmbH & Co. KG
80797 München

Hinweis
Das vorliegende Buch wurde sorgfältig erarbeitet. Dennoch erfolgen alle Angaben ohne Gewähr. Weder Autorin noch Verlag können für eventuelle Nachteile oder Schäden, die aus den im Buch vorgestellten Informationen resultieren, eine Haftung übernehmen.

Bildnachweis
Alle Fotos von Shutterstock, außer:
Besendorfer, Eva: S. 29, 75
Fotolia.com/Fontanis: S. 19
Fotonatur.de: S. 46
Getty Images: S. 9, 10/11, 45, 55/51, 102, 122
LIV (www.livberlin.de): S. 35
Stockfood: S. 12, 13, 15, 56, 64, 81, 82, 85, 88, 89, 90, 91, 92, 100, 105, 121

Umschlaggestaltung: Kochan & Partner, München
Umschlagfotos:
Vorderseite: Jump Fotoagentur/Annette Falck
Rückseite: Shutterstock

Lektorat: Sandra Hachmann
Herstellung: Angelika Tröger
Layoutkonzept Innenteil: Kochan & Partner, München
DTP: Satz+Layout Peter Fruth GmbH

Gedruckt auf chlorfrei gebleichtem Papier

Printed in Germany
ISBN 978-3-8354-0819-7

Frisch ernten, selbst einmachen und das ganze Jahr genießen

Waltraud Angele
Einmachen
Die besten Rezepte mit Obst, Gemüse und Kräutern · Hausgemachte
Delikatessen zum Genießen und Verschenken · Warenkunde: zum
Einmachen geeignete Obst-, Gemüse- und Kräutersorten.
ISBN 978-3-8354-0705-3